FUCHS FEUER EDITION

Tatort: Kultur

Entwurf einer kritischen Theorie zum Rechtsruck der Welt und ein Plädoyer für Veränderung

Albert Rowin

First Printing: 2020
Language: German

ISBN 9789403609577
Published via Bookmundo
FUCHSFEUER EDITION
Contact: office@fuchsfeuer.at
Printed in Germany

Cover Design and Photography by fuchsfeuer.at

»Seitdem ich die Menschen kenne,
liebe ich die Tiere«.

(Arthur Schopenhauer)

Zum Zustand der Welt

(Ein Vorwort des Autors)

Triebfeder für dieses Werk war die Begegnung mit einer Bettlerin irgendwo in Wien, vor nicht allzu langer Zeit. - Es war Hochsommer, die Hitze in der Stadt wieder unerträglich und eine Erfrischung dringend nötig. Rund um den Eingang eines beliebten Wiener Eissalons drängten sich die Menschenmassen wie die Geier um einen Wüstenkadaver. Wer in diesem Tumult abgedrängt und von seinen Lieben getrennt wurde, rief nach seinen Angehörigen (wartend auf ein vertrautes Echo), und wer den Weg zum (angeblich) ›besten Eis der Stadt‹ schließlich geschafft hatte, kam erschöpft und nur mit ›Ellbogentechnik‹ wieder aus der Menschentraube lebend hervor: ein Szenario des Wohlstands (und des Wahnsinns).

Unweit vom Ort des Geschehens entfernt saß eine schweißnasse Bettlerin im Schneidersitz am aufgeheizten Gehsteig und streckte den eisschleckenden Passant*innen verzweifelt ihre asphaltschmutzigen Hände entgegen, begleitet von den Worten »bitte, danke, alles Gute« in Dauerschleife und schlechtem Deutsch. - Von den meisten Passant*innen hatte die Bettlerin an diesem Sommertag nichts zu befürchten, aber auch nichts zu erwarten; es war so, als wäre sie Luft und kein sichtbarer Teil dieser Welt.

Nach intensiver Schauplatzstudie ist letztlich die Erkenntnis geblieben, dass einer Bettlerin in Wien GEFAHR von drei gesellschaftlichen Quellen droht, die nicht zu erwarten waren: von Kleinkindern (bleiben abrupt stehen und starren sie solange wortlos an, bis sie von ihren jeweiligen Müttern an die Hand genommen und vom *Schauplatz des Schreckens* entrissen werden), von männlichen Jugendlichen im Gruppenverband (schicken den Gruppenclown aus kurzer Distanz vor, um sie als Stolperfalle zu benutzen und lachen sich krumm), und insbesondere von älteren Damen aus dem Gemeindebau mit gezielt laut**gewalt**igem Mundwerk, um ihrer Wut über den SCHMUTZ in den Straßen ihrer Stadt möglichst publikumswirksam Ausdruck zu verleihen: **»Wos muaß die Deppate do sitzn' und mir den Weg vastölln?! Die soll gefälligst owe gehn' zum U-Bahn-Klo. Dort konnse den gonzn' Tog sitzn' und steat mi ned«!**

Was ist mit einer Gesellschaft geschehen, dass Szenen wie diese Alltagswirklichkeit werden konnten (und können)? Welche VERBITTERUNG muss tief im Geist eines Individuums wüten, um zu verbalen Faustschlägen dieser Natur gegen die eigene Art fähig zu sein? Wo ist ›DAS MITGEFÜHL‹ geblieben? - Wenn es uns tatsächlich »**noch nie so gut ging wie heute**«, eine These, die von Trendforscher*innen und Soziologen derzeit erfolgreich propagiert wird,[1] warum spuckt die Gesellschaft dann heute eher offen auf ihre schwächsten Mitglieder herab, als ihnen zu Hilfe zu eilen? - Trägt ›Wien‹ den Titel, eine der lebenswertesten Städte der Welt zu sein, zu Recht, oder ist ›Zentrum der Unmenschlichkeit‹ ein Standortbefund näher an der Wahrheit der Stunde? - Antworten auf diese (und andere) Fragen finden sich in diesem Buch. Dieses Werk wirft einen kritischen Blick hinter die Fassaden des Wohlstands (mit Schwerpunkt auf Österreich) und ortet (u.a.) in der Wirtschaftspolitik den Urheber, und im fortschreitenden **Gefühl der Unzufriedenheit** im Volk den Ursprung für **Solidaritätsverlust und Sozialabbau** in der westlichen Welt; eine heute allerorts beobachtbare Entwicklung, die NICHT GRUNDLOS ihr Unwesen im Westen treibt, sondern (im Verständnis dieses Werks) nur folgend den Gesetzen der menschlichen Gefühlsnatur.

---

[1] vgl.: Schröder, Martin: Warum es uns noch nie so gut ging und wir trotzdem ständig von Krisen reden. Elsbethen: Benevento, 2018.

Zum besseren Verständnis von *TATORT: KULTUR*, noch ein Hinweis in eigener Sache: das vorliegende Werk ist im Zeitraum **2017 bis 2019** entstanden. - Der Hinweis zum Entstehungszeitraum ist relevant, da Leser*innen das vorliegende Werk aus der Zeit heraus begreifen müssen, in der es geschrieben wurde: als in Österreich ›**TÜRKIS-BLAU**‹ regierte (Stichwort: ÖVP-FPÖ-Bundesregierung), als ein Video mit dem Titel ›Ibiza‹ noch heimlich darauf lauerte, eine Bundesregierung zu sprengen und das politische Österreich auf den sprichwörtlichen ›Kopf‹ zu stellen, und als ›Corona‹ noch eine einfache Bierflasche war, in der gewöhnlich ein Stück Limette schwimmt. – Im Zentrum dieses Werks steht der Versuch, ein **gesellschaftliches Stimmungsbild** einzufangen, es möglichst realitätsnah abzubilden und der Leserschaft greifbar zu machen. - IBIZA und CORONA, zwei (nicht in dieses Werk eingeflossene) Ereignisse der jüngeren Vergangenheit, haben das (bereits im Vorfeld eingefangene) ›Zeitgefühl‹ zweifellos geprägt, dessen Gültigkeit im Nachhinein aber nicht entschärft; im Gegenteil: wenn das Gefühl der Unzufriedenheit den gesellschaftlichen Solidaritätsverlust beflügelt, wie es in *TATORT: KULTUR* beschrieben wird, dann steht die inhaltliche Abwesenheit von Ibiza und Corona nicht im Konflikt zu den Erkenntnissen dieses Werks, sondern schwebt wie ein ›verstärkender Schatten‹ über der Zukunft der nachfolgenden acht Kapitel.

Abschließend sei noch angemerkt, dass *TATORT: KULTUR* ›mehr‹ ist, als ein philosophischer Ausflug in die Gefühlstiefen einer modernen Gesellschaft (mit Schwerpunkt Österreich), immer auf Spurensuche nach Ursachen und Hintergründen für den Aufschwung des Rechtspopulismus (DEM Trend der Zeit). Das vorliegende Werk scheut sich nicht, auch Möglichkeiten der Trendumkehr aufzuzeigen und dem fortschreitenden Rechtsruck der Welt mit aller Kraft der Worte entgegen zu treten bzw. entgegen wirken zu wollen. - Am Ende ist *TATORT: KULTUR* vor allem eines: ein glühendes **Plädoyer für Veränderung** und ein Appell für eine bessere Welt, befreit von allen kulturellen Zwängen und Stressoren der Zeit: den Antreibern von Unzufriedenheit und den Gründervätern des Rechtspopulismus, wohnhaft in den unsichtbaren Tiefen der menschlichen Gefühlswelt – unsichtbar, aber doch allgegenwärtig und Gegenstand der Tatortanalyse dieses Werks.

Das perfekte Verbrechen gibt es nicht. Jeder Täter hinterlässt Spuren; man muss sie nur finden (und danach suchen wollen).

Wien, im Mai 2020
Albert Rowin

Kapitel

eins_

Die geldgemeine Welt

Während im Bienenstaat alle Arbeiter*innen zusammenhalten und alles teilen, was sie gemeinschaftlich erwirtschaften (die einen mehr, die anderen weniger), ist der Faktor ›Arbeit‹ im Menschenstaat ANDERS organisiert (unnatürlich und unlogisch). Anders als der Honig im Bienenvolk, wird das Geld im Menschenstaat HÖCHST UNGLEICH unter dem Volk verteilt: möglichst *viel* an **sehr wenige**, und möglichst *wenig* an **sehr viele**. Laut Studie der Arbeiterkammer, besitzt heute in Österreich nur *ein Prozent* der Bevölkerung rund 40 Prozent des Gesamtvermögens im Land (!) und die obersten 10 Prozent haben MEHR als die restlichen 90 Prozent zusammen.[2]

---

[2] vgl.: *Handbuch Reichtum: wer gehört zum reichsten Prozent?*: Online-Artikel der Kontrast-Redaktion vom 3. Okt. 2017.

Oder anders formuliert bzw. aus einer anderen Perspektive betrachtet: bereits am **8. Januar** (nur acht Tage nach Jahreswechsel!) haben die Großverdiener in Österreich bereits das Gehaltsniveau erreicht, das dem ›Jahresgehalt‹ eines durchschnittlichen Normalverdieners im Land entspricht. - Wirtschaftsforscher sprechen vom 8. Januar als vom sogenannten ›**Tag der fetten Katze**‹ *(Fat Cat Day)*.[3] Noch bezeichnender als *dieser* Ausdruck wäre vielleicht nur noch ›Tag der fetten SCHWARZEN Katze‹ gewesen *(Fat Black Cat Day)*, da die besagte Katze neben *fett* tatsächlich auch noch *schwarz* und *unheilbringend* sein dürfte, rennt sie der westlichen Gesellschaft doch schon SO FRÜH im Jahresverlauf vor die Füße, und sorgt für reichlich frühzeitiges Gefühlschaos im Menschenland. - Laut Studie der Österreichischen Nationalbank (OeNB) zur Vermögensverteilung, liegt Österreich (gemeinsam mit Nachbarland Deutschland) im Europavergleich derzeit sogar im absoluten Schlussfeld in Sachen Vermögens- und Einkommensverteilung.[4] Der Studie zufolge, zeigen sich heute *nirgendwo* in der EU weitere Gräben zwischen arm und reich innerhalb der Bevölkerung als in Österreich (und in Deutschland): **den Spitzenreitern der Ungleichheit**.

---

[3] vgl.: „Fette Katze" im Konzern-Vorstand. In: AK FÜR SIE. Mitgliederzeitschrift der AK Wien: Ausgabe Feb. 2018, S. 25.

[4] vgl.: *Große Ungleichheit bei Vermögensverteilung in Österreich*: Online-Artikel der Salzburger Nachrichten vom 14. Jan. 2019.

Eine signifikante Verteilungsungleichheit in Sachen ›Kapital‹, wie die zuvor beschriebene innerhalb einer Gesellschaft (sogar auf kleinstem Raum), lässt Gefühle der ›Ungerechtigkeit‹ rasch entflammen unter Normalverdiener*innen (der absoluten Mehrheit der Bevölkerung, die nur rund 2,5% des Gesamtvermögens im Land besitzt!), die sich im Unterschied zur finanzkräftigen Oberschicht, ein Leben im Luxus NIE werden leisten können. - Der Vergleich macht sie sicher und gibt ihnen Recht.

Der Großteil der Bevölkerung befindet sich somit automatisch und hausgemacht im sogenannten ›**gemeine-Welt-Syndrom**‹,[5] in einer Gefühlswelt der UNGERECHTIGKEIT und UNZUFRIEDENHEIT gefangen, sind Normalverdiener*innen doch im Regelfall NICHT weniger fleißig als andere (oft fleißiger sogar), erhalten aber dennoch signifikant WENIGER Geld für ihre Erwerbstätigkeit als andere am selben Ort, zur selben Zeit. Putzfrau ist Putzfrau. Arzt ist Arzt. Hausfrau ist Hausfrau. Professor ist Professor. - Wer ›wenig‹ ist,

[5] Anm.: **Das gemeine-Welt-Syndrom** (*Mean World Syndrome*) wurde im Bereich der Medienpsychologie vom Begründer der *Kultivierungsthese* George Gerbner (1919-2005) erstmals beschrieben, um psychologische Zusammenhänge (unterschiedliche Strategien der Angstbewältigung) zwischen der Programmwahl (zB ›Horrorfilm‹ oder ›Heimatfilm‹) und dem Zustand der Gefühlswelt des Individuums auf wissenschaftlicher Basis zu erklären. Nähere Informationen hierzu sind nachzulesen in: Vitouch, Peter: Fernsehen und Angstbewältigung. Zur Typologie des Zuschauerverhaltens. 2. Aufl. Wiesbaden: Westdeutscher Verlag GmbH, 2002.

verdient *wenig;* wer ›viel‹ ist, verdient *viel;* und wer ›nichts‹ ist, stellt einen Antrag auf Sozialhilfe und hat sich prompt in einen *Brechreiz* in Augen der Gesellschaft verwandelt. - SO ist ›die Arbeit‹ im Menschenland organisiert: anders, ungleich und ungerecht.

Als ›**Ungleichland**‹ wurde Deutschland in einer TV-Reportage erst unlängst bezeichnet und beschrieben, in Bezug auf die eklatante Einkommens- und Vermögensungleichheit, die das Land durchzieht.[6] **Ökonomische Ungleichheit** - egal wo in der Welt sie in Erscheinung tritt - provoziert immer Unzufriedenheit und Ungerechtigkeitsempfinden in der Bevölkerung, wie auch das Verlangen nach GERECHTIGKEIT und GLEICHEN Verdienstmöglichkeiten für alle. Alles logisch. Alles menschlich. - Das Leben ist hart; in der westlichen Welt ist es heute (ab Schulpflichtende) der *Geldbeschaffung* kulturell ›zwangsverordnet‹, begleitet von dem Gefühl, in einer GEMEINEN WELT zu leben, die von oben bis unten von ökonomischer Ungleichheit durchzogen ist, die das Volk in **wirtschaftliche Verlierer und Gewinner** SPALTET, aus Menschen Wesen ›unterschiedlicher Wertigkeit‹ innerhalb einer Gemeinschaft macht (je nach Kontostand), und damit nur den Zusammenhalt in einer Gesellschaft bedroht, statt das soziale Miteinander zu fördern.

---

6 vgl.: „Ungleichland. Wie aus Reichtum Macht wird“. WDR TV-Dokumentation von Julia Friedrichs und Michael Schmitt: 2018.

In einer Gesellschaft bestehend aus zwei **sozioökonomischen Gegenpolen** (ARM und REICH), eine der zentralen Errungenschaften der Wirtschaft, muss sich früher oder später zwangsläufig eine *angespannte* Gefühlsatmosphäre (mit Konfliktpotential) aufbauen (mitunter sogar auf ENGSTEM Raum). - Die Millionäre in ihren Luxusdomizilen am Stadtrand werden immer *reicher* und investieren in immer bessere Alarmanlagen; die Mindestlohnbezieher im Gemeindebau (keine fünf Autominuten davon entfernt), werden immer *ärmer* und studieren immer genauer die Flugblätter der vielen Billiganbieter; die **Kluft zwischen arm und reich** wird immer größer, und die Welt wird für die breite Masse der Bevölkerung (das einfache Volk) automatisch mit jedem Tag (spätestens aber ab 8. Januar) immer *ungerechter* und *gemeiner* als am Tag zuvor. - Prinzip Wachstum: wächst die Wirtschaft, wächst die Ungleichheit und wächst die *Gemeinheit der Welt* in Sachen ›Geld‹. - Allein in Wien ist laut aktueller Studie zur Wohlstandsverteilung heute bereits nahezu **jeder Vierte von Armut (!)** bedroht (»22,7%«), während gleichzeitig aber NIRGENDWO in Österreich MEHR REICHE beheimatet sind als in der Bundeshauptstadt.[7] Ökonomische Ungleichheit sogar auf politischer *Nano-Ebene*; nicht nur zwischen Wien und Kambodscha (zwischen den Welten).

---

[7] vgl.: *Tabellenband EU-SILC 2018*: Online-Studie zur Wohlstandsverteilung der Statistik Austria vom 25. Apr. 2019.

»**Ungleichheit ist das drängendste soziale Problem unserer Zeit**«, brachte Paul Piff (Verhaltenspsychologe an der *University of California*, Irvine) das ›Problem der Stunde‹ auf den Punkt. Die Herausgeber*innen des *World Inequality Reports* gehen in ihrem aktuellen Bericht sogar noch einen Schritt weiter in der Problemanalyse, und sind bereits der Überzeugung, »**dass wachsende Ungleichheit, sofern sie nicht adäquat [...] angegangen wird, zu verschiedenen politischen, wirtschaftlichen und sozialen Katastrophen führen kann**«.[8] - Durch die gesellschaftliche Ungleichverteilung in Sachen ›Kapital‹ (Einkommen und Vermögen) und die sozialen Spannungen, die sie bedingt (die einen bunkern ihr Gold und lechzen nach Schutz und mehr Sicherheit für ihre Reichtümer; die anderen jagen in Diskontern nach Tagesschnäppchen und lechzen nach Geld und mehr Gerechtigkeit), hat das Wirtschaftssystem in einem ›Ungleichland‹ nun automatisch (und hausgemacht) die BESTEN Bedingungen und den BESTEN Nährboden für ein **sozialpolitisch konfliktgeladenes Karussell** geschaffen, das sich im zwanghaften Wirtschaftswachstum des 21. Jahrhunderts immer schneller politisch NACH RECHTS zu drehen beginnt (bzw. zu drehen beginnen *muss*) und immer größeren Zuspruch unter westlichen Völkern findet (weil finden *muss)*.

---

[8] vgl.: *Bericht zur weltweiten Ungleichheit 2018. Kurzfassung:* Online-Report des World Inequality Lab (deutsche Fassung), Seite 2.

Das ›**GELDGEMEINE-WELT-SYNDROM**‹ (eine Art um den Faktor ›GELD‹ erweiterte Kultivierungsthese) bildet den weiteren Fokus dieses Werks, und vermutet in dem (einer Gesellschaft seitens der Wirtschaft kultursystematisch induzierten) Gefühl, in einer GEMEINEN WELT zu leben, den unsichtbaren (aber ursächlichen) Motor für den **politischen Rechtsruck;** einem Trend, der heute weltweit zu beobachten ist (und Fragen aufwirft). Es folgt eine detaillierte Erörterung des Syndroms, begleitet von dem Versuch, die Frage zu beantworten, **warum** RECHTE **Politik heute immer beliebter wird unter Wahlvölkern auf Erden**, so auch in Österreich bzw. unter Österreicher*innen (Stichwort: Schwerpunkt). - Im Verständnis dieses Werks erklärt sich die steigende (und in Österreich bald omnipräsente) Affinität der Wähler*innen zum politisch rechten Lager NICHT an der (zweifelhaften) Logik und/oder Nachhaltigkeit ihrer Wahlversprechen, sondern am wirtschaftspolitisch vorverursachten und kulturell vorgeschmiedeten **Gefühlszustand der Unzufriedenheit**, der im einem Volk zur Stunde dominiert, und aus dem heraus es nicht mehr anders denken und handeln (bzw. WÄHLEN) kann, als PRO jener Partei, die dem kleinen Mann von nebenan am meisten Gerechtigkeit verspricht: DAS politische Erfolgsrezept in einer Zeit, in der es immer wichtiger wird, viel Geld zu besitzen, und gleichzeitig immer schwieriger, dieses Ideal auch zu erreichen.

Alle Staatsgewalt geht heute nicht mehr vom Volke aus (wie es die *Demokratie* dem Namen nach verspricht); im 21. Jahrhundert geht alle Staatsgewalt längst **VOM GELDE** aus, und es ist an der Zeit, die Demokratie (sofern man sie nicht demnächst gegen eine sinnvollere Staatsform austauschen möchte) umzubenennen, in das, was sie heute wirklich ist: **die Monetakratie** (Übersetzung: wer ›das Geld‹ hat, gewinnt Wahlen und hat das Sagen). Schon Jörg Haider (ehemaliger FPÖ-Politiker) wusste zu Lebzeiten um das wahre Wesen der Demokratie, und wusste im Wahlkampf gekonnt mit ›Banknoten‹ zu wedeln, um das Bundesland seines Begehrens (Kärnten) erfolgreich politisch NACH RECHTS (und in die bundesweit heute höchste Pro-Kopf-Verschuldung) zu führen. - Und sollte Frau Horten (zuletzt als monatliche Großspenderin der ÖVP medial aufgefallen), dank ihrer exorbitanten Finanzkraft mit dem Gedanken spielen, in Österreich demnächst eine Partei gründen zu wollen, **Geldfabrik für Alle** (kurz *GfA*) könnte sie heißen (und weiß wie Schnee könnte die Parteifarbe sein), die absolute Mehrheit wäre ihr so gut wie garantiert; sogar die überzeugte Nichtwählergemeinde würde plötzlich ›geschlossen‹ zur Urnenwahl schreiten, im Duft bzw. im Sog einer Zukunft ohne Geldsorgen: mit Honig fängt man Fliegen; mit Speck fängt man Mäuse; und mit Geld gewinnt man im Westen heute demokratische Wahlen (in einer Monetakratie).

zwei_

Die Freiheit der Wahl

Hat sich das Gefühl einer monetären Ungerechtigkeit in einer Gesellschaft erst allgemein manifestiert; ein Prozess, wie er im Westen als bereits *erfolgreich abgeschlossen* zu betrachten ist, so können die Bürger*innen heute eben oft nur noch GOTT um Geldsegen anbeten (hilft *nix*), LOTTO spielen (bringt *nix*), stehlen, morden, rauben (darf man *nix*), bei Lidl, Hofer, Penny, Kik & Co. einkaufen (kost' fast *nix*), oder sie können heute eben tun, was zu tun sich unter westlichen Völkern heute bereits stetig steigender Beliebtheit erfreut, und vielleicht schon bald *Tradition* erlangen wird: nur darauf zu warten, bis ›**ER**‹ endlich die Bierzeltbühnen dieser *geldgemeinen Welt* betritt: von Trommelwirbeln, Lichtblitzen und Nebelschwaden begleitet steigt ER empor, ein H.C. Strache (hier) oder ein Donald Trump (dort), wie ein Phoenix steigt er aus der Asche (hier wie dort): der Retter des Volks, der Messias der Unterdrückten bzw. der *Robin Hood* der Moderne. »**America first! Flüchtlinge raus! Grenzschutz!**«, ruft der Neo-Volksheld in die euphorische Menschenmenge hinaus, die ihren Volksvertreter gefunden hat, weil endlich jemand FÜR GERECHTIGKEIT in Sachen ›Geld‹ einzutreten verspricht. Alles logisch. Wer selbst nie viel Geld in der Tasche hatte (Stichwort: das einfache Volk), wer schon in einer immerzu geldbeschwerlichen Lebensumgebung aufgewachsen ist, in der vielleicht schon die eigenen Eltern oder Großeltern ständig mit Kreditraten und finanziellen Zukunftsängsten kämpfen mussten, in der die Kinder mangels finanzieller Mittel vielleicht sogar auf Schulschikurse und Wien-Wochen etc. verzichten mussten (Stichwort: **frühkindliches Trauma**), wird in einer angespannten Lebensumgebung dieser Art aufgewachsen (Stichwort: **gelernte ökonomische Hilflosigkeit**) NICHT vor Freude tanzen, wenn Asylwerber*innen (oder vielleicht sogar Arbeitslose aus den eigenen Reihen) finanziell hilfesuchend an die Tore des Sozialstaats klopfen, und für das vielzitierte ›Nichtstun‹ (gemütlich) die Hand aufhalten für rot-weiß-rotes Steuergeld. - »Geht arbeiten, ihr Schmarotzer!«, lautet die reizreaktiv *logische* Abwehrhaltung jedes Individuums mit selbsterlebter, **negativ-emotionaler Vorerfahrung** in Sachen ›Finanz‹ bzw. ›Kapital‹ (Beschaffung, Erwerb und/oder Besitz).

Alles ruft heute nach GERECHTIGKEIT in einer sogenannten ›Wohlstandsgesellschaft‹, in der die einen (die Mindestlohnbezieher*innen) ein Leben lang um jeden Cent kämpfen und hart dafür arbeiten müssen, während die anderen (die Milliardäre) nur noch *darum* bemüht sind, ihre Reichtümer vor den Verlierermassen in Sicherheit zu bringen oder möglichst rasch außer Landes zu schaffen. Zwischen diesen beiden Fronten (arm und reich) liegt eine heute zunehmend hilf- und orientierungslose Masse (einst **die gesellschaftliche Mitte**, heute die *GENERATION LOST*), die sich in diesem Spannungsfeld bewegt, und sich heute zunehmend selbst eher der gesellschaftlichen ›Verliererseite‹ zugehörig fühlt, schließlich finanziert sich heute sogar für Normalverdiener*innen (trotz Vollerwerb) ein schönes Zuhause am Stadtrand nur noch selten OHNE Kreditfinanzierung und Abhängigkeit von einem Geldgeber bis zum Zeitpunkt des Todes. ›**WORKING POOR**‹ nennt sich das Phänomen, wenn der moderne Mensch heute trotz Vollerwerb eigentlich *arm* ist. - »In der Alfred Merz Gasse in Perchtoldsdorf nahe der Stadtgrenze Wien [...] erwartet Sie in schöner Wohnlage Ihr neues Zuhause«, sagt ein Immobilienangebot stellvertretend für den Trend der Zeit (zuletzt gesehen auf *immo.kurier.at* im Oktober 2018): »Eine derzeit im Baustadion befindliche Neubau-Doppelhaushälfte [...] erwartet sehnsüchtig seine neuen Eigentümer. [...] Sie haben zwei

Varianten für Ihren Wohntraum zur Auswahl: HAUS 1 mit einer Wohnnutzfläche von ca. 158,84m² zuzüglich ca. 180m² Gartenanteil inklusive PKW-Stellplatz. HAUS 2 mit einer Wohnnutzfläche von ca. 179,63m² zuzüglich ca. 340m² Gartenanteil inklusive PKW-Stellplatz. Der Kaufpreis für Haus 2 beträgt schlüsselfertig 859.000 EUR. Der Kaufpreis für Haus 1 beträgt schlüsselfertig 740.000 EUR«. Haus 1 oder Haus 2, so oder so, unerschwinglich aus eigener Kraft, sogar für die gesellschaftliche (früher entspannte) Mitte, die heute aber selbst nicht mehr zu wissen scheint, wie ihr geschieht, und wo sie eigentlich steht: eine **angespannte Gesellschaft** (nach innen und außen) durch ALLE Bevölkerungsschichten gepolt auf ›Kampf‹ im Zeichen der ökonomischen Ungleichheit.

Im Westen bleiben ›Wohnträume‹ heute mitunter sogar für Normalverdiener unerfüllt, außer Mama und Papa greifen den Sprösslingen des letzten Jahrhunderts finanziell unter die Arme. Der Generation der heute 30- bis 40-Jährigen bleibt alternativ zur elterlichen Unterstützung oft nur noch die sogenannte ›**SMART-WOHNUNG**‹ zur Erfüllung ihres Wohntraums aus eigener Kraft: das schlaue, weil *billige* Wohnen direkt über dem Müllraum, über dem Abluftschacht oder mit Fenster zur sechsspurigen Autobahn direkt darunter. - In ›Modefragen‹ haben sich arm und reich im Zeitenwandel zweifellos einander angenähert (PRIMARK® & Co. sei es gedankt); die Gesellschaft ist heute nicht mehr im ersten Blick auf das Geschmeide direkt als eine Zwei-Klassengesellschaft erkennbar, wie noch zu Titanic-Zeiten. In allen anderen Bereichen (außer in Modefragen) driftet die Gesellschaft jedoch nach wie vor *ungebremst* (und heute vielleicht sogar schneller denn je zuvor) auseinander, der Wirtschaft sei Dank (sowie allen politischen Förderern sozialer Gräben-Erweiterung).

»So bunt und vielgestaltig die Horde der [westlichen Gesellschaft] auch sein mag, etwas eint sie, und das ist eine latente Unzufriedenheit«.[9] Wer sich dieser Tage also fragen sollte, weshalb Rechtspopulisten mit Kampfansagen gegen landesfremde Geldnehmer (Stichwort: Flüchtlinge) heute immer mehr Zuspruch unter westlichen Völkern finden, der sei direkt auf das ›geldgemeine-Welt-Syndrom‹ verwiesen. In einer *geldgemeinen* Welt, bestehend aus einem (wirtschaftssystematisch gezüchteten) ›Heer der Unzufriedenen‹, tun sich **Mitgefühl und Empathie** naturgemäß SCHWERER, gesellschaftlich zu keimen und sich großflächig auszubreiten, als Nationalismus, Heimatliebe und der Wunsch nach Grenzbarrieren. - Wenn sich über eine Gesellschaft immer stärker das Gefühl legt, man sei selbst nicht auf die sprichwörtliche ›BUTTERSEITE‹ des Lebens im Westen gefallen (Stichwort: Un-

[9] vgl.: Slupetzky, Stefan: Die Rückkehr des Lemming. Kriminalroman. Hamburg: Rowohlt Taschenbuch, 2017, Seite 7.

zufriedenheit), egal ob reich (und schutzbedürftig) oder arm (und geldbedürftig), so darf es nicht wundern, wenn **Solidaritätsverlust** heute sogar innerhalb westlicher ›Wohlstandsgesellschaften‹ immer stärker wütet, und wenn Rechtspopulisten plötzlich weltweit immer größere Wahlerfolge erzielen und immer öfter Regierungsverantwortung tragen. Weshalb Fremden helfen, wo wir doch selbst HARTE ZEITEN hinter uns haben, vor uns haben oder uns aktuell darin befinden, und SELBST um das wirtschaftliche Überleben (oder um Schutz, Sicherheit und bessere Alarmanlagen) kämpfen müssen. Das Leben ist schließlich kein ›Ponyhof‹, nicht für arm, nicht für reich, und nicht für alle dazwischen. - Aber ACHTUNG: anders als das *geldgemeine-Welt-Syndrom* es in seiner Begrifflichkeit bis zu dieser Textstelle vielleicht (falsch) vermuten lässt, ist ›Geld‹ in sich selbst aber **NICHT** als ein *gemeines* Medium bzw. *gemeines* Zahlungsmittel einzustufen, und es zu haben oder nicht zu haben, egal ob viel oder wenig, macht Menschen auch NICHT automatisch und NICHT per se 'gemein'.[10]

---

[10] Anm.: My apologies, dear Professor Piff, but you are on a wrong track in the very matter *(slightly* wrong but still*)* for as much as I adore your research in the field. »Money does **[NOT]** make people mean«, to disagree with your view. It only has great potential (but is ***not*** the precondition), if unequally split within a society, to foster ***negative*** emotions in people and make them attentive to the right-wing: a difference explained hereafter. Mehr zum Thema ›gemeines Geld‹ ist verfügbar auf *Youtube* unter „Does money make you mean?". TED-Talk von Paul Piff zum Thema ›Ungleichheit‹ in San Rafael (CA): Okt. 2013.

Geld ist NICHT per se als 'gemein' einzustufen; es birgt jedoch ein Potential in sich, Unzufriedenheit mit der eigenen Lebenssituation (EGAL ob reich oder arm) zu empfinden, und eine SCHWACHE soziale Grundhaltung in einem Individuum auszubilden bzw. zu fördern, gemäß dem Motto: **»ist die Welt gemein zu mir, bin ich es zu ihr«**. - Dem *geldgemeine-Welt-Syndrom* unterliegt daher ein geldbedingter (in einem ›Ungleichland‹ kultursystematisch vorprogrammierter) Reiz-Reaktions-Mechanismus, der sich aber nicht allein **im Haben von viel oder wenig Geld** (bzw. in der sozioökonomischen Distanz zwischen beiden) erklärt, sonst würde jeder Mindestlohnbezieher der Welt in politischen Entscheidungsfragen automatisch nach RECHTS (weil zwingend in einer 'geldgemeinen' Welt gefangen) tendieren, und jeder Milliardär automatisch eher nach LINKS (weil zwingend in einer 'geldentspannten' Welt beheimatet), was natürlich zu *beiden* Seiten weder den Tatsachen der Welt noch den Gesetzmäßigkeiten des Syndroms entspricht! Die reichsten Milliardäre sind schließlich oft und gern die *glühendsten* Anhänger von Parteien aus dem rechten Lager (siehe ›Trump‹), obwohl sie doch eigentlich zu den gesellschaftlichen Sieger*innen zählen und auf der sprichwörtlichen ›SONNENSEITE‹ des Lebens stehen, und daher eigentlich *keinen Grund* haben sollten, ihre Lebenswelt als (wie auch immer erachtet) *gemein* zu empfinden und nach Gerechtigkeit rufen zu wollen bzw. zu müssen. - Ebenso und gleichermaßen sind in dieser Welt auch von Armut bedrohte (oder akut betroffene) Individuen, obgleich sie doch eigentlich auf der sprichwörtlichen ›SCHATTENSEITE‹ des westlichen Lebens stehen, NICHT automatisch immer Sympathisant*innen von Rechtspopulisten (obwohl sie es im Regelfall aber eher sein werden als nicht, jedoch nicht zwingend auch tatsächlich immer sind). Wie kann das sein und warum ist das so? - Eine Erklärung hierfür bietet das *geldgemeine-Welt-Syndrom*, das in seinem Kern **NICHT** dem ›Geld‹ per se in Händen der Menschheit eine *Gemeinheit* zuschreibt, sondern die Gültigkeit folgender Gleichung in den (von ökonomischer Ungleichheit geprägten) Raum stellt, zur Erklärung von Ursprung & Ursache unterschiedlich ausgeprägter sozialer Grundhaltungen bzw. diametral gegensätzlicher *Weltanschauungen* innerhalb einer Gesellschaft (Stichwort: **Antipoden**): Je stärker abhängig die Lebenswelt eines Individuums vom Faktor ›GELD‹, desto *gemeiner* erscheint die Welt, desto EHER NEGATIV ausgeprägt ist die individuelle Gefühlswelt, wie auch die soziale Grundhaltung. Oder anders formuliert: **je dominanter das Thema ›GELD‹ in der Alltags- und Welterfahrung eines Individuums zum Zeitpunkt jetzt** (egal ob reich oder arm oder irgendwo dazwischen), **desto kleiner das soziale Gewissen** (und desto eher ideologisch *rechts* wird dieses Individuum emotional beheimatet sein).

Auf Basis dieser Gleichung erklärt das *geldgemeine-Welt-Syndrom* auf der Stelle (und sogar in sich selbst), warum Rechtspopulist*innen in der Welt von heute, in der das Geld nicht nur sprichwörtlich, sondern *tatsächlich* regiert, immer mehr Volkszuspruch finden. Und es erklärt auch, warum sowohl eine bettelarme, arbeitslose Alleinerzieherin, die nebenbei unentgeltlich für *Amnesty International* arbeitet, und vielleicht schon menschliches Leid viel schlimmerer und anderer Natur gesehen hat, NICHT automatisch nach RECHTS tendiert (hat sie doch schon viel größere *Gemeinheiten* auf Erden gesehen und erlebt, als Geldsorgen) als auch, warum ein steinreicher Milliardär auf der eigentlichen *Siegerstraße des Lebens* (real und monetär) angekommen, NICHT automatisch nach LINKS tendiert, hat er doch plötzlich vielleicht keine anderen Sorgen mehr in seiner von Reichtum geprägten Lebenswelt, als seinen Kindern Leibwächter zum Schutz an die Seite stellen, und möglichst hohe Mauern um sein(e) Anwesen errichten zu müssen. In anderen Worten: ein Milliardär kann in dieser Welt immer BEIDES sein (*links* oder *rechts*), wie auch ein Sozialhilfebezieher immer *beides* sein kann: entscheidend ist NICHT wie viel oder wenig Geld ein Individuum tatsächlich *hat* (oder *nicht* hat); **entscheidend ist nur, wie *stark* oder *schwach* der Faktor ›Geld‹ auf die Gefühlswelt eines Individuums wirkt**. Je stärker, desto eher rechts; je schwächer, desto eher links, egal ob arm oder reich oder irgendwo dazwischen.[11] - Die Entscheidung (ob *links* oder *rechts*) ist KEINE Frage der Wahl (!); es ist eine Frage des Grads der individuell erlebten **kulturellen Stresserfahrung** in Zusammenhang mit Geld (angespannt oder entspannt, stark oder schwach, *rechts* oder *links*): die Dosis macht das Gift, und die Welt hat es der Menschheit zum Verzehr angerichtet. Geld macht Menschen nicht *gemein*, aber es ist eine **Spritze für Kulturstress** und **Gefühle der Unzufriedenheit**, wenn man die Welt (und das Leben) eher durch *die Geldbrille* als mit *dem Herzen* sieht. Die moderne Welt nicht durch ›DIE GELDBRILLE‹ zu sehen ist schwierig, zugegeben, und wird auch in Zukunft nicht einfacher werden, insbesondere dann, wenn auch weiterhin Kapitalisten aus der Reihe ›Trump‹ die Welt regieren werden.

---

[11] Anm.: Der **Wirkungsgrad von GELD** auf die Gefühlswelt des Individuums ist flexibel und kann sich im Laufe des Lebens verändern, das heißt SINKEN oder STEIGEN (obgleich frühkindliche Traumata und ökonomische Hilflosigkeitserfahrungen kaum zu überwinden sind, und die soziale Grundhaltung einer Person eher lebenslänglich ›rechtslastig‹ halten. Auch ein *Lottosieg* vermag einen sprichwörtlichen ›Sozialfall‹ am ewigen Existenzminimum nicht plötzlich in einen Menschenfreund der Kategorie ›Grün-Politiker‹ zu verwandeln, *zu schwer* wiegt die negativ-emotionale Vorerfahrung mit der Lebenswelt in Sachen ›Geld‹). Generell wird die Einflusskraft von Geld auf die individuelle Gefühlswelt im steigenden Alter aber EHER SINKEN als steigen, da sich mit zunehmendem Alter die Wertigkeiten im Leben oft verschieben, und das Thema ›Geld‹ immer mehr an Bedeutung VERLIERT, je näher die Friedhofszeit rückt. Ein Gespräch mit Großmutter reicht als Beweis. Donald Trump zeugt zwar aktuell vom Gegenteil, stört (als Milliardär und Einzelfall) im Allgemeinen aber die Regel nicht: nicht jedermann legt im Alter ›die Geldbrille‹ ab; viele tragen sie bis in den Tod (und darüber hinaus).

Viktor Frankl (Begründer der *Existenzanalyse*), war zu Lebzeiten davon überzeugt, dass der Mensch *mehr* ist als Opfer seiner Gefühle. »Im Unterschied zum Tier«, sagte er, »verfügt der Mensch über **die Freiheit des Willens**«.[12] Ein Irrtum, wie es die rechtsrückende Welt derzeit beweist. Im Zeitalter des Kapitalismus kann sich der Mensch (zumindest der westliche), im Unterschied zum Tier, die ›Freiheit des Willens‹ nicht mehr erlauben, weil nicht mehr leisten: der moderne Mensch hat Geld zu beschaffen, Geld zu vermehren, Geld zu beschützen, und jene im Geist (oder offen) mit Verachtung zu strafen (Stichwort: Asylwerber, Arbeitslose, etc.), die sich *gemütlich* an unserem hart erwirtschafteten Steuergeld bedienen. Im Wandel der Zeit hat sich die Freiheit des Willens in ›**die monetäre Befangenheit**‹ verwandelt - zum Nachteil für den Zusammenhalt innerhalb einer Demokratie und das soziale Miteinander der Spezies Mensch allgemein. Der Mensch IST **Opfer seiner Gefühle**, mehr nicht! - Wenn die Wirtschaft die Gefühlswelt des modernen Menschen NEGATIV beeinflusst und Unzufriedenheit in einem Volk kultursystematisch fördert bzw. provoziert, dann ist Politik (insbesondere Politik aus dem rechten Lager) ›Zeitverschwendung‹ und nichts weiter als **billige Bauernfängerei auf Kulturbasis**.

---

[12] vgl.: Daneshmandi, Laila: Den Gefühlen ausgeliefert. In: Kurier aus der Reihe ›Mein Sonntag‹: Printausgabe 19. Aug. 2018.

Falls Sie, liebe Leser*innen nach den Erkenntnissen dieses Kapitels nun herausfinden wollen sollten, ob eine Person aus Ihrer näheren Umgebung, vielleicht denken Sie dabei gerade an Ihren Partner bzw. Ihre Partnerin, aktuell an dem *geldgemeine-Welt-Syndrom* leidet, das heißt, mit Gefühlen der Unzufriedenheit zu kämpfen hat, vermutlich hervorgerufen durch akute oder frühkindlich erlebte und für immer gespeicherte Sorgen in Zusammenhang mit ›GELD‹, so genügt es im Regelfall, (sofern sich die Frage nicht ohnehin von selbst beantwortet hat, da er oder sie die FPÖ wählt), die Reaktion dieser Person zu beobachten, wenn im Straßenverkehr plötzlich ein *Bentley* dicht an ihr vorüberzieht. Erhalten Sie ein »DAS ist aber ein schönes Auto« als Reaktion, ist alles in Ordnung und Sie können die Weiterfahrt *unbesorgt* genießen. Bekommen Sie jedoch ein blitzartiges »wie kann sich dieser Ar**h nur so ein Auto leisten?« zu hören, so schlummert tief im Geist Ihres Gegenübers wahrscheinlich ein latenter ›Gerechtigkeitshunger‹, geschmiedet in den Kulturfeuern des Kapitalismus. An der nächsten Raststation angekommen, sollten Sie ›DAS WEITE‹ suchen! Die Person an Ihrer Seite trägt *die Geldbrille*, und muss jeden Bettler vor jedem Supermarkt (zumindest im Geiste) mit den Worten »geh' arbeiten, fauler Sack!« strafen. Leider gibt es gegen diese Kulturkrankheit derzeit noch kein Heilmittel, es sei denn, die Lottofee hilft. - **LAUFEN SIE!**

drei_

Angsthase: Peffernase

Wenn ›GELD‹ in der emotionalen Welterfahrung eines Individuums eine TRAGENDE Rolle spielt (wie im Kapitel zuvor beschrieben), dann greifen auch latente Ängste (und Angstbewältigungsstrategien im unsichtbaren Hintergrund) in die Gesetzmäßigkeiten des Syndroms mit ein, wie schon in die Ursprungstheorie aus der Medienpsychologie. Im Unterschied zu dieser, unterliegen dem *geldgemeine-Welt-Syndrom* aber ANDERE (**ökonomisch bedingte** und auf die **wirtschaftlichen Lebensumstände** eines Individuums bezogene) Ängste, als etwa die Angst vor einem messerstechenden Serienkiller im Film, die zu unterschiedlichen Verhaltensweisen führt, je nach *individueller* Gefühlslage zum Zeitpunkt des Medienkonsums: manchmal ist ein Horrorfilm zu ertragen, manchmal nicht, für manche oft, für andere nie.

Nicht nur in der Film- und TV-Programmwahl, auch in Zeiten der ›Parteiwahl‹ in einer Demokratie sind *Parteipräferenzen* (und Unterschiede von Mensch zu Mensch) auf **latente Ängste (und Angstbewältigungsstrategien**) zurückzuführen, die in ihrem Wesen und ihrer Ausprägung zwar nicht unterschiedlicher sein könnten (zwischen arm und reich, etc.), sich aber dennoch wirtschaftssystematisch ins Unterbewusstsein des Kollektivs eingenistet haben und heute nahezu ALLE Bevölkerungsschichten (auf die eine oder andere Art) ergreifen. - Es folgt ein Auszug in die beispielhafte Welt der möglichen Ängste, die in den engen Gassen der *geldgemeinen Welt* heute ihr Unwesen treiben und in westlichen Breitengraden ALLERORTS kursieren, einmal mehr, einmal weniger, egal ob arm oder reich oder irgendwo dazwischen:

- ✓ *Angst,* die Mietwohnung nicht mehr lange halten zu können und schon bald auf der Straße zu landen (Stichwort: Exekution).
- ✓ *Angst,* das eigene Kind mangels finanzieller Mittel nicht gut versorgen zu können und eines Tages zur Adoption freigeben zu müssen.
- ✓ *Angst,* die Wohnanschrift könnte der Welt am Lebenslauf vermerkt vielleicht etwas finanziell ›Negatives‹ über mich verraten, wenn sie *Wien Favoriten* lautet (statt *Wien Döbling,* wie

es eigentlich sein sollte, um mir und meiner Persönlichkeit besser zu entsprechen).

- ✓ *Angst,* einem arbeitslosen Tschetschenen mit Wohnsitz ›Wien‹ könnte es in Österreich vielleicht in jeglicher Hinsicht (nicht nur monetär) BESSER ergehen als mir, obwohl ich hart arbeite und nicht jeden Tag ausschlafen kann (Stichwort: Sozialhilfegemütlichkeit).

- ✓ *Angst,* die große Internetliebe ist in Wirklichkeit vielleicht doch nicht das seltene Juwel mit ›ehrlichen‹ Ferngefühlen, sondern vielleicht nur ein falscher Prinz oder eine falsche *Princess of Nigeria* (Stichwort: Scamming).

- ✓ *Angst,* in die Arbeitslosigkeit zu schlittern, sich in eine *gescheiterte Persönlichkeit* zu verwandeln und ein Leben im Schatten der Gesellschaft fristen zu müssen (eher geht man stehlen, dealen oder Bankomaten sprengen).

- ✓ *Angst,* man könnte eines Tages als verfilmter Fall in *Aktenzeichen XY …ungelöst* im Hauptabendprogramm des ZDF erscheinen, wenn plötzlich die finsteren Figuren mit Sturmhauben, Klebebändern, dunklem Teint und südländischem Akzent im Schlafzimmer erscheinen und ›kein Erbarmen‹ kennen (Stichwort: »du sagen wo Tresor oder Frau tot«).

- ✓ *Angst,* die Aktienkurse könnten vielleicht bald wieder in den Keller rasseln (wie anno 2008), und meinen Kapitalvorratslager könnte wieder (wie meinem Frohsinn) ein plötzlicher Gewichtsverlust unter Tränenbegleitung drohen (Stichwort: Phantomschmerzen).

- ✓ *Angst* vor der eigenen Dummheit, die eigenen Ersparnisse (sofern vorhanden) NICHT in ein Geheimversteck außer Landes befördert und dort karibisch-steuerbegünstigt veranlagt zu haben (Stichwort: *Cayman Islands*), wie andere Schlaue im Westen es tun, sogar der ehemalige (junge, schöne UND intelligente) Finanzminister der Nation (ÖVP).

- ✓ *Angst,* der Lottosieg könnte niemals kommen, und der große Traum vom eigenen Luxusdomizil am See könnte für immer nur ein ›Luftschloss‹ bleiben, anders als für Großindustrielle und Vorstandsmitglieder, für Milliardenerb*innen und andere Glückskinder aus der Reihe Benko, Stronach und Horten.

- ✓ *Angst,* ich könnte auch diesmal in Beförderungsfragen wieder übergangen werden, und alle Mühe der letzten Monate bringt wieder nur den ›Mini-Gehaltssprung‹, den gesetzlich winzigen (den ohnehin die kalte Progression wieder zur Gänze verschlingen wird).

- ✓ *Angst,* der gemeine Nachbar könnte herausfinden (und weitersagen), dass ich bei *Hofer* und *Lidl* einkaufe, wo ich doch tatsächlich ein sogenannter *Meinl-am-Graben-Typ* mit höchsten Qualitätsansprüchen an das Leben bin.

- ✓ *Angst,* das Probemonat (oder die vorläufige Vertragsbefristung) könnte schon bald in einer Blitzabschiebung zum Arbeitsamt enden, wenn man in dieser Phase der Totalüberwachung zu wenig Bereitschaft signalisierte, die ›Extrameile‹ stets gehen und dem Tageslicht freiwillig abschwören zu wollen.

- ✓ *Angst,* bei einem Flugzeugabsturz vorzeitig ums Leben zu kommen, wo doch das Girokonto noch PRALL gefüllt und das RICHTIGE Leben erst noch hätte beginnen sollen.[13]

- ✓ *Angst,* das ›Grundeinkommen‹ könnte eingeführt werden, und ich war (in Retrospektive) dann vielleicht nur der letzte schwerarbeitende ›ALL-IN-IDIOT‹ der Nation, der noch um 23 Uhr emailschreibend im Büro sitzen musste, statt das Leben gelebt zu haben (Stichwort: geteiltes Leid ist halbes Leid).

---

[13] Anm.: Mit jedem Flugzeugabsturz stirbt EIN Wunsch, der alle Unglücksopfer aus aller Herren Länder eint: »ich wünschte, ich hätte weniger gearbeitet, und mehr gelebt«: der SCHRECKLICHSTE Gedanke (und die GRÖßTE Angst) am Ende eines jeden Menschenlebens.

- ✓ *Angst,* mir könnte ein tolles *Tagesschnäppchen* entgehen (Stichwort: Hofer-Flugblatt), wenn ich heute nicht zugreife und DAS FASCHIERTE schon morgen wieder 50 Cent teurer ist.[14]
- ✓ *Angst* am Bankomaten, denn es könnte jemand hinter mir stehen, meinen PIN-Code ausspionieren und mich meiner Existenz berauben wollen (Stichwort: Blick zurück).
- ✓ *Angst* beim Online-Banking vor den unsichtbaren Kriminellen im digitalen Hintergrund, die nur darauf lauern, meinen TAN-Code abzufangen und mich finanziell auszuweiden (Stichwort: Phishing). - FRAGE: »Steht nach dem ›*http*‹ denn wirklich ein ›s‹ und ist die Seite auch wirklich SICHER«?
- ✓ *Angst* vor dem Schritt in die Selbstständigkeit und einer möglichen Zukunft in der Schuldnerberatung und/oder als ewiger Aktenvermerk im KSV (Kreditschutzverband).
- ✓ *Angst,* sein altes Sofa zum Verkauf auf *willhaben.at* anzubieten, wo sich in englischer Sprache eine gewisse ›patriciajohanson91‹ meldet

---

[14] Anm.: Von Flugblätter-Reichweiten der Diskonter (Stichwort: Hofer) können Zeitungsmacher heute nur träumen (außer man frisiert Flugblätter mit Kurzmeldungen über die Kardashians auf, wie ›HEUTE‹ üblich, und vermittelt den Leser*innen so das Gefühl, sie würden gratis ›Zeitung‹ satt gratis ›Flugblatt‹ lesen (Stichwort: Wahrheitsproblem).

(»currently in Sofia for work«, schreibt sie) und das Sofa sofort und sogar ungesehen (!) ›via Vorschuss‹ kaufen will, Preis EGAL: »All I need is your full name, your street address and your *Paypal* details«, schreibt sie. Wie großzügig junge Mädchen heute doch sind.

✓ *Angst,* schon wieder bei diesem Supermarkt ums Eck einkaufen zu gehen, vor dem der (immer-selbe) schuhlose Bettler mit traurigen Augen am kalten Asphalt hockt, und man wieder ein ›herzloser Unmensch‹ gewesen sein wird, marschiert man wieder einfach nur an ihm vorüber als wäre er Luft.

✓ *Angst,* in der Firma anzurufen und den aktuellen ›Urlaub‹ in *Krankenstand* umwandeln zu lassen (Stimmprobe: »klinge ich auch KRANK GENUG«?), und am anderen Ende der Leitung wieder nichts als Zweifel und schiefe Blicke für einen vermutlich vorsätzlich erfundenen, verlogenen Fieberschub zu ernten (Stichwort: gemeine Urlaubssparer).

✓ *Angst,* die Freundschaft könnte nur gespielt und der 'Freund' vielleicht doch nur jemand sein, der testamentarisch großzügig berücksichtigt werden will, und mich nur ›deshalb‹ immer besuchen kommt, strahlend wie der schönste Christbaum im hellsten LED-Kleid.

✓ *Angst,* die liebe Pflegerin meiner Mutter aus Ex-Jugoslawien könnte es insgeheim doch nur auf mein Elternhaus abgesehen haben, diese falsche Schlange mit Akzent.

✓ *Angst,* die Kontoauszüge vielleicht doch nicht KLEIN GENUG geschreddert zu haben, schließlich können Müllsäcke bersten und sensible Daten schnell in *falsche* Hände geraten.

✓ *Angst,* als Restaurant-Betreiber kein Personal mehr für ›DAS SERVICE‹ zu finden bei dieser gemütlichen Sozialpolitik (›made in Austria‹). »Wie soll man denn bitte bei satten 863 Euro Mindestsicherung heute noch Lehrlinge finden, die sich den Stress im Gastgewerbe noch freiwillig antun wollen? – Unmöglich«.

✓ *Angst,* dem Gemeindebau in *Wien Floridsdorf* nie entkommen zu können, und eines Tages so werden zu müssen wie Mama (schreit und säuft) oder Papa (schreit und schlägt).

✓ *Angst* (sogar am Bergbauernhof im hintersten Tal MIT SAT-Empfang), eine wilde Horde dahergelaufener Asylanten könnte das Heimatland überfluten und sich an unserem Steuergeld bedienen (und dabei gleichzeitig auch noch einen *falschen* Gott ins Land tragen).

✓ *Angst,* etc…

Doch keine Sorge, liebe Leser*innen, denn schon kommt ›ER‹ gelaufen, **der Kämpfer gegen das Unrecht** (namens Strache, Orban, Salvini, Gauland oder Trump, etc.) und tritt just in eben *diesen* angstbehafteten Lebensraum ein: von Kampftrommeln begleitet und mit dem Rezept gegen ALLE VOLKSÄNGSTE in der geballten Faust erklimmt ›ER‹ die Bühnen dieser unsicheren Welt, und erklärt allen Ängsten der Zeit mit einem Megaphon in der Hand möglichst *wortgewaltig* den Krieg. - Was folgt, ist reiz-reaktiv euphorischer, logischer Applaus von allen **westlichen Rängen der Angst** quer durch alle Bevölkerungsschichten.

Die Ängste innerhalb einer Gesellschaft, die in einem Ungleichland kursieren, sind bunt und vielgestaltig, wie die Menschen selbst, doch *etwas* eint sie, und DAS ist der *immer-selbe* Ausgangspunkt: das liebe GELD (wie auch die steigende Frustration, die gesellschaftlich damit einhergeht). Der Grundsatz des *geldgemeine-Welt-Syndroms* könnte daher - anstatt wie im Kapitel zuvor beschrieben: »je stärker abhängig die Welterfahrung eines Individuums vom Faktor ›Geld‹, desto kleiner das soziale Gewissen« - auch wie folgt lauten: »**je stärker angst-behaftet der Faktor ›Geld‹ in der Welterfahrung eines Individuums, desto kleiner das soziale Gewissen**«. Der Grad der individuellen Gefühlsnähe zu Geld korreliert mit der Intensität des Angstempfindens, wie auch mit der Entscheidung eines Individuums ob *links* oder *rechts* am

Tag einer Wahl. Wie die *Programmwahl* in der Logik der Medienpsychologie auch von latenten Ängsten begleitet ist, so kommen auch in der Parteiwahl unterschiedliche (der individuellen Lebenswelt entsprechende, geld-bedingte) Ängste und Angstbewältigungsstrategien im psychologischen Hintergrund zum Tragen, die über die soziale Grundhaltung des Individuums (LINKS oder RECHTS) entscheiden, und demokratische Wahlen im stillen Hintergrund mitgestalten.[15] - Wie *frei* kann die ›Wahlfreiheit‹ schon sein, wenn eine wirtschaftspolitisch hausgemachte, **ökonomische Angstatmosphäre** in einer Demokratie das Wahlvolk von sich aus in die Fangnetze des politisch rechten Lagers treibt, das mit Heimatschutzparolen und einer zwanghaften Abwehrhaltung in der Asylfrage nur **akute Angstbewältigung** und **punktuelle Kulturstresskosmetik** betreibt, statt der Bevölkerung politische Problemlösungen mit tatsächlichem (und nachhaltigem) Verbesserungspotential zu offerieren, wie Politik (JEDER Fraktion) es allgemein tun sollte.

---

[15] Anm.: Die große **Nichtwählergemeinde** (die derzeit ZWEITSTÄRKSTE politische Kraft in Österreich, knapp hinter der ÖVP, in absoluten Zahlen) ist von den Gesetzmäßigkeiten des *geldgemeine-Welt-Syndroms* als ›ausgenommen‹ zu betrachten. - Unter Nichtwähler*innen scheinen NICHT Gefühle der Angst oder Ungerechtigkeit die emotionale Welterfahrung (und später das Nicht-Wahlverhalten) zu begleiten, sondern eher Empfindungen der RESIGNATION vor den Früchten der Demokratie (Stichwort: Geld), die nur in den obersten Etagen der Wirtschaft, aber nie im Volk landen. »Egal, wer regiert, besser wird das Leben ohnehin NIE«, könnte die Motivation der Nichtwählergemeinde lauten und Grund ihrer demokratischen Teilnahmslosigkeit sein.

NIEMAND wird in einer Gesellschaft automatisch mit einer **rechts**ideologischen Gesinnung geboren; sie nimmt erst dann Gestalt an, hat die GEMEINE WELT einem Individuum eine kulturelle Ohrfeige bzw. ein *blaues Auge* in Sachen ›Geld‹ verpasst, eine ökonomische Stresserfahrung auferlegt, und eine finanzielle Angst in die Hände (und damit direkt ins Unterbewusstsein) gespielt. Niemand wirft einen Stein *nach rechts* (egal ob real oder nur metaphorisch), wurde er (oder sie) nicht schon SELBST beworfen (oder lebt in ständiger Angst davor): »**Ist die Welt gemein zu mir, bin ich es zu ihr**« lautet der, dem *geldgemeine-Welt-Syndrom* alles unterliegende Verhaltensgrundsatz in der Parteiwahl. - ALLES lässt sich (psychologisch) erklären, auch der aktuelle Trend zum Rechtsruck rund um die Welt, wenn man die Wirtschaft von heute in ihrer Gesamtheit als DAS begreift, was im Wandel der Zeit aus ihr geworden ist: Ausgangspunkt und Motor für **kultursystematische Angstförderung** quer durch ALLE Bevölkerungsschichten, begleitet von **Empathie-Verminderung** (individuell und kollektiv) zu Gunsten der Beliebtheitswerte von Rechtspopulisten und zum Leidwesen für liberale(re) politische Bewegungen weltweit: »Heimatliebe statt Marokkaner-Diebe«.[16] - »Komm, Herr Jesus, sei unser Gast, und segne, was du uns bescheret hast«:

---

[16] Anm.: Slogan auf Wahlplakaten der FPÖ Tirol anlässlich der Innsbrucker Kommunalwahl im April 2012.

Angsthasen und Pfeffernasen (statt Sonnenkinder und Glücksbringer). - Alles, was in westlichen Demokratien zur Stunde zählt, ist ein Plus am eigenen Kontostand und ein Minus an Flüchtlingen im katholischen Heimatland: schon ist das einfache Volk (bzw. das allgemein wahlberechtigte Kollektiv) politisch zufriedengestellt, die Gerechtigkeit (scheinbar) gestiegen, der Nationalstolz gewachsen, die Zukunftsängste (kurzfristig) abgeflacht, und dem politisch rechten Lager der nächste Wahlerfolg so gut wie garantiert: **Bauernfängerei par Excellence**. Das *geldgemeine-Welt-Syndrom* am Zenit seiner Möglichkeiten, und die Demokratie als Staatsform am vorläufigen ›Tiefpunkt‹ ihrer Sinnhaftigkeit angekommen: willkommen im 21. Jahrhundert - nach dem Zeitalter des Holocaust, das nächste *Jahrhundert der Unvernunft* in der Geschichte der Menschheit.

Gestern Deportationslager, heute Ausreisezentren. Gestern Angst, heute Angst. - Großer Gott, wir bitten dich, erhöre uns [...] und führe uns an deiner Hand, in das himmlische Vaterland. Amen.

*vier_*

Guten Morgen Österreich

»Das Volk hat immer Recht«, besagt es der Grundsatz der Demokratie; ein IRRTUM - vielleicht sogar der fatalste Irrtum (und der falscheste aller Grundsätze) in der Geschichte der Menschheit. **Das Volk hat NICHT immer Recht (!)**, insbesondere dann nicht, wenn (und weil) es am Wahltag von Gefühlen der Angst und reizreaktiven Denk- und Verhaltensweisen geleitet ist, die der Kapitalismus über die Menschheit gebracht und die Wirtschaftspolitik in jahrzehntelanger Kleinarbeit vorverursacht und systematisch gefördert hat. - Der moderne Mensch sollte dringend vom Reiz-Faktor ›Geld‹ befreit werden, um wieder zu **rationaler Entscheidungsfindung** gelangen und wieder zur ›Natur seines Wesens‹ zurück finden zu können (Stichwort: Menschlichkeit).

Die Demokratie hat als Staatsform ausgedient. In Zeiten der Globalisierung, des Kapitalismus und der ›Flüchtlingswellen‹ dem einfachen Volk noch politische Entscheidungskompetenzen einzuräumen (und es über politische Kräfteverhältnisse in einem Land abstimmen zu lassen), grenzt an ›Leichtsinn‹ und ist gefährlich![17] - Der sprichwörtlich 'kleine Mann von nebenan' ist heute als ›**politisch überfordert**‹ einzustufen, und sollte dringend davon abgehalten werden, Rechtspopulisten nach freiem Belieben bestärken zu können, und die Welt demokratisch an den *Abgrund der Menschlichkeit* zurück zu führen. In einer Zeit, in der die Kluft zwischen arm und reich nicht nur im eigenen Land, sondern auch zwischen den Ländern der Erde immer größer (statt kleiner) wird, und immer mehr Menschen in den (angeblich) *reichen*

[17] Anm.: Nicht nur Geldsorgen und (medial geschürte) Ängste vor Flüchtlingen (Stichwort: Bevölkerungsaustausch) sind heute im stillen Hintergrund wahlentscheidend. - An der Wahlurne entscheidet sich das Volk schließlich auf Basis diversester Geistesblitze und NICHT ZWINGEND als Resultat auf im Wahlkampf kommunizierte Inhalte, wie z.B.: »ich wähle blau, weil mein Mann, als dieser noch lebte, die FPÖ wählte, und ich will, dass seine Stimme auch WEITERHIN zählt« oder »eine Lesbe mit Kurzhaarfrisur, die mit 600 Gästen Geburtstag feiert, kommt nicht in Frage« oder »ich habe Sie gewählt, lieber Herr Petzner, **weil Ihre Turnschuhe mit den Engelsflügeln so cool waren**« (vgl.: Stefan Petzner zu Gast in *Willkommen Österreich*, ORF1, Episode 331 vom 27. Sept. 2016). - Das allgemeine Wahlrecht führt die Demokratie geradewegs AD ABSURDUM, und die Welt sowohl ins geistige als auch politische Verderben. In politisch komplexen Entscheidungsfragen ragt der geistige Horizont des einfachen Volks NICHT (und NIE) über die ›Kommunalebene‹ hinaus! »**Das Volk hat immer Recht [in Bürgermeisterwahlen]**«, aber KEINE politische Ebene höher hinauf!

Westen drängen (egal aus welchen Gründen), überrascht es nicht, dass die sog. ›gemäßigte politische Mitte‹ (wo auch immer diese liegen mag) heute beständig Wählerstimmen verliert, während am äußeren Rand des politischen Spektrums zu BEIDEN Seiten (!) die sog. ›Antipoden‹ neu an Kraft gewinnen. - Deutschland liefert hierfür den aktuell besten Beweis: während die Grünen und die AfD im Wahlergebnis 2018 neue Höhen erklimmen (und links wie rechts Jubel ausbricht), verkümmern die (einstigen) Großparteien ›der Mitte‹ (und Kanzlerin Merkel kündigt bereits ihren Abschied aus der Politik an - in Memoriam an ihre vielzitierte und vielgehasste, sog. ›Willkommenskultur‹). - Wo ›GELD‹ die Welt regiert, verlieren die Grundwerte der Sozialdemokratie (**Freiheit, Gleichheit, Gerechtigkeit und Solidarität**) beständig an Kraft und ›Mitte‹: sie vermögen im Westen heute kaum noch zu greifen, in neuen Zeiten der All-in-Gefangenschaft, der Ungleichheit, der Ungerechtigkeit und Profitgier (**die Grundwerte des Kapitalismus**). - Wie es Platon schon in der Antike richtig erkannte, ist ein Staat nur dann *gut* regiert, wenn seine **Leitung in Händen von Philosophen** ist.[18] Nur Philosophen mit weltoffenem Geist (statt Kapitalisten mit national-monetärer Kurzsichtigkeit) können die

---

[18] vgl.: Zeiler, Gerhard: Das Elend der Sozialdemokratie: Anleitung zur Wundheilung. In: Kleine Zeitung, Printausgabe 20. Okt. 2018, Seiten 4-5.

westliche Welt (und ihre Völker) heute noch retten und vor einer konfliktreichen Zukunft bewahren.

Statt Philosophen, regieren heute aber Maturanten und Zahntechniker die Nationen der Welt (siehe Österreich), und vertreten ihre Völker (wie das *Kabinett Kurz* aktuell das Rot-weiß-rote) mit der Wiedereinberufung von *Pferden* zur Polizei (Stichwort: Winnetou), mit der Beibehaltung der *allgemeinen Wehrpflicht* (mit einer Armee aus 18jährigen, die *einmalig* 6 Monate im Wald Krieg spielen, ist eine Landesverteidigung eben gesichert), mit dem Ausstieg aus dem *UN-Migrationspakt*, mit der Umbenennung von Erstaufnahmestellen für Flüchtlinge in *Ausreisezentren* (immerhin nicht in Deportationslager, wie man Haltestellen für menschlichen ›Lebendmüll‹ früher nannte), mit einem *Kopftuchverbot* im Kindergarten (Hauptsache das Kreuz Jesu bleibt flächendeckend an Österreichs Schulwände genagelt), mit einer (freiheitlich geplanten) *Kürzung des Stundenlohns* auf 1,50 EUR für gemeinnützige Arbeit von Asylwerbern (schließlich müssen Bleibeanreize heute möglichst ›verhindert‹ werden), mit der Reaktivierung von *Ziffernnoten* an Volksschulen (ein ›SEHR GUT‹ in Religion sagt der Welt schließlich alles, was zählt), mit der Abschaffung von *Karfreitag* als Feiertag für Evangelisten (hat ein Katholik nicht frei, so darf es schließlich niemand haben), mit der Erhöhung des *Tempolimits* auf Autobahnen, mit einer Anpassung der *Familienbeihilfe* an Auslandsverhältnisse für Inlandsbeschäftigte mit Kindern wohnhaft ›jenseits‹ der Staatsgrenze (um das Problem der Ungleichheit international zu verschärfen), mit Einführung des *12-Stunden-Tags* in die Arbeitswelt auf Basis einer sog. ›**Überstunden-Freiwilligkeit**‹ (als wäre im All-in-Zeitalter eine Überstunden-Freiwilligkeit nicht schon ohnehin eine ›Überstunden-Pflicht‹, jetzt auch noch ›freiwillig-utopisch‹ per Gesetz); mit Kürzung der *Mindestsicherung* für Asylwerber*innen und sehr kinderreiche Familien, da heute *Arbeitsanreize* forciert (statt ›Nichtstuer‹ gefördert) werden müssen, erklärte Kanzler Kurz die Reformpläne (alles andere, sagte er, sei nur »Gift für die Gesellschaft«); und mit einer Frau Bundesministerin für Gesundheit (FPÖ), die in der Parlamentsabstimmung tatsächlich **gegen (!) ein Rauchverbot** in der Gastronomie aufsteht bzw. aufgestanden ist. - Es handelt sich hierbei weder um eine Politsatire noch um gesammelte Auszüge aus VORSICHT KAMERA! und auch nicht um Fragmente eines schlechten Traums; es handelt sich um tatsächliche Einträge in die Geschichtsbücher der Republik Österreich unter dem Titel ›Kabinett Kurz (2017 - dato)‹. - Die Verfasser*innen (und Texter) von Wörterbüchern sind hiermit aufgefordert, das Wort ›GESUNDHEIT‹ umgehend an das eingeschränkte Begriffsverständnis des österreichischen Gesundheitsministeriums (unter FPÖ-Führung) anzupassen, und dringend mit dem Wort ›Rauchen‹ in Verbindung zu bringen:

HEALTH: the condition of the body and the degree to which it is free from illness **[regardless of smoking]** (Austrian amendment to the *Cambridge International Dictionary of English,* 2018). Würde Platon noch leben und einen Blick auf das politische Österreich der Gegenwart riskieren, spätestens *jetzt* hätte er sich das Leben genommen. - Diese Schmerzen.[19]

Statt Philosophen mit weltoffenem Geist, sind in der Politik heute weltweit Kapitalisten immer stärker gefragt, die sich mit aller Kraft (statt für das Volk) für Schutz und Wachstum der Staatsfinanzen im eigenen Grenzgebiet einbringen. - Eine Welt aus Staaten, die sich in Zeiten der Globalisierung immer stärker von-

---

[19] Anm.: Falls die Wörterbuchtexter*innen bereits mit der Wortschatzerweiterung beschäftigt sind, so mögen sie auch die zuvor angeführte ›**Überstunden-Freiwilligkeit**‹ in die Wörterbücher von morgen einbringen und im Sinne Österreichs wie folgt definieren: die Überstunden-Freiwilligkeit umschreibt ein Arbeitszeitmodell, das es Arbeitgebern im Land fortan gesetzlich erlaubt, die tägliche Arbeitszeit im Bedarfsfall von acht auf 12 Stunden zu erhöhen, im Vertrauen auf die freiwillige Gutmütigkeit ihrer Arbeitnehmer*innen, ihre tiefe Liebe zum Geldgeber und ihre allgemeine Antihaltung zum Thema ›Freizeit‹. »**Niemand kann gezwungen werden, länger arbeiten zu müssen**«, verteidigte Vizekanzler Strache die Freiwilligkeit im ***verbesserten*** Arbeitszeitmodell, basierend auf dem ewigen IRRGLAUBEN, die Bevölkerung befände sich heute von Berufswegen in einer zwanglosen Kultur der unendlichen Freiheit und Nächstenliebe. - Die Wirklichkeit spricht eine ANDERE Sprache, Herr Vizekanzler, die vielleicht noch KEIN Politiker im Land je gehört hat, wie zum Beispiel: »Bei uns gibt es KEINE Überstunden: alle Mitarbeiter machen ihre Zeitaufzeichnungen selbst, wichtig ist dabei nur, dass am Ende immer 40 steht« oder Email an Chef: »da ich heute bis 23 Uhr im Büro war, komme ich am Freitag nicht«. Antwort: »Kein Problem, die Urlaubsscheine liegen am Empfang«.

einander abgrenzen, statt sich einander anzunähern und das Problem der Ungleichheit in der Welt gemeinschaftlich zu lösen, befindet sich auf einem gefährlichen Weg. Der Journalist Tim Marshall spricht in seinem Buch *Abschottung: die neue Macht der Mauern* (erschienen 2018 bei dtv) bereits von einem neuen »**Zeitalter der Abgrenzung**«, da heute weltweit allerorts neue Grenzbarrieren entstehen (nicht nur im US-amerikanischen Süden, nach Plänen von Trump). »Seit dem Mauerfall in Berlin«, so Marshall »hat sich die Zahl der verfestigten Grenzen sogar noch beschleunigt«. Seinen Recherchen zufolge, starben anno 2016 MEHR Menschen an Grenzen dieser Welt, denn jemals zuvor in der Weltgeschichte.[20] - Ausgerechnet in Zeiten der Globalisierung gewinnen Grenzen an Bedeutung und werden immer öfter zu *Schauplätzen der Unmenschlichkeit*, wie zuletzt gesehen im Zuge der Flüchtlingskrise 2015/16 und im Umgang westlicher Behörden mit den Schicksalen dahinter. - Wie sich zeigte, müssen Flüchtlinge (sofern lebend im Westen angekommen) der jeweiligen Asylbehörde (bzw. den sog. ›Entscheidern‹) zunächst glaubhaft (!) vermitteln, im Herkunftsland einem Kugelhagel entkommen (oder homosexuell und *deshalb* mit dem Tod bedroht) zu sein, um überhaupt eine REALE Chance

[20] vgl.: Hasewend, Ingo: Die Mauern an den Grenzen und in unseren Köpfen (Rezession über Marshall, Tim: Abschottung). In: Kleine Zeitung, Printausgabe 24. Dez. 2018, Seite 15.

zu bekommen, in einer westlichen Wohlstandsgesellschaft ›Wurzeln schlagen‹ zu dürfen. Im Unterschied zu sichtbaren Spuren alter Stich- oder Schusswunden am Körper (oder der Vorlage eines Videomitschnitts, der Homosexualität glaubhaft macht), sind tränenreiche Berichte über Hungerleid oder Arbeitslosigkeit im Herkunftsland in Sachen ›Bleiberecht‹ eher Nichtigkeiten in Entscheideraugen (wenn nicht sogar direkte Sprungbretter Richtung ›Ausreisebescheid‹ im Namen eines ›Ausreisezentrums‹).[21] - Droht im Herkunftsland kein früher Tod (egal warum), bleibt das Sozialbudget im reichen Westen tendenziell *verschlossen*, es sein denn, man beherrscht ›die Spielregeln der Zeit‹ und ist in der Lage, sie auch anzuwenden: wie erklärte sie einst schon Uwe Scheuch (in seiner Funktion als FPÖ-Politiker) am Telefon einem russischen Investor, in Beantwortung dessen Frage, ob er denn die österreichische Staatsbürgerschaft, statt selbige zu beantragen, nicht auch einfach bei ihm KAUFEN könnte? »**No-na-net: it's part of the game**« (Übersetzung: »Aber natürlich doch! Was soll die Frage?«), so seine legendäre (kriminelle, aber doch nur logische) Antwort im BESTEN Trend der Zeit. - MIT Geld gehen im Westen heute mitunter *viele* (sogar behördliche) Türen mühelos auf; OHNE Geld fallen sie dagegen blitz-

[21] vgl.: „Der Entscheider“. ORF2 TV-Dokumentation über das Asylwesen in Österreich von Zoran Dobric aus der Reihe ›kreuz & quer‹: 13. Nov. 2018.

artig und *reihenweise* ins Schloss der westlichen Unmenschlichkeit. Wie Kanzlerin Merkel demnächst, so verabschiedet sich eine ›Willkommenskultur‹ schon heute vom Westen, und räumt das Feld für eine neue ›**Kultur der Abschottung**‹ von der eigenen Art (nach dem Motto: »Gott schütze unseren Wohlstand«).

»**Alle Menschen sind frei und gleich an Würde und Rechten geboren**«, steht es an erster Stelle der *Allgemeinen Erklärung der Menschenrechte* geschrieben, unterzeichnet von (fast) allen Ländern der Welt im Dezember 1948. Als Konsequenz auf die Verbrechen an der Menschheit des Zweiten Weltkriegs (und um diese fortan zu verhindern), sollten alle Menschen auf Erden seither **gleich an Rechten (!)** sein, unabhängig von Herkunft, Hautfarbe, Alter, Geschlecht oder Religion. - Gemäß der Menschenrechtsdeklaration, hat (angeblich) JEDER Erdenbürger ein Recht auf Leben, auf Nahrung, Meinungsfreiheit, soziale Sicherheit, Wohlstand, Bildung und Gesundheit. - 70 Jahre danach (eine erste große Flüchtlingswelle und rund 17.000 Wasserleichen im Mittelmeer später), ist im Westen von dieser Art ›Vereinbarung‹ nicht mehr viel (und nicht viel ›mehr‹) über, als eine tiefe **Empathie- und Respektlosigkeit** der eigenen Art gegenüber, sowie einer wachsenden Sorge der westlichen Völker (und Politiker) um sich selbst, ihren Wohlstand, ihr Kapital, ihr Vermögen und um ihre heilige Kuh: die Wirtschaft (und dessen Wachstum).

»**No one is free until we all are free**« (Martin Luther King Jr.). - FREIHEIT ist heute eher ein frommer Wunsch als ein *Menschenrecht* in der modernen Welt. Wie frei und gleich an Würde und Rechten kann der moderne Mensch schon sein, wenn (im Verständnis regierender Politiker aus dem *rechten* Lager) die Freiheit heute doch proportional zum Wachstum einer Mauer rund um das eigene Land wächst? - Würde fehlender Verstand schmerzen, wäre der Westen heute ein Schmerzruf im Modus ›Dauerton‹, und das Gruppenfoto der österreichischen Bundesregierung der Stunde (Stichwort: Türkis-Blau) eine Collage aus 16 identischen Mini-Kopien von Edvard Munchs ›DER SCHREI‹ (ein Illustrationsversuch ist dem Ende dieses Werks angeschlossen).

Im Weltverständnis des politisch rechten Lagers, bezieht sich der Begriff ›Menschen‹ in der Menschenrechtsdeklaration aus 1948 heute schließlich auf ›Eingeborene ohne Migrationshintergrund‹, und nicht auf eine wilde Horde dahergelaufener Asylanten mit leeren Taschen, dunklem Teint und dem *falschen* Gott im Schlepptau (Stichwort: »**Daham statt Islam**«). - Vielleicht wäre es langsam an der Zeit, dass sich auch das politisch rechte Lager mit den Menschenrechten auseinandersetzt, statt mit aller Kraft ein Berufsleben lang DAGEGEN zu arbeiten, und mit ›Ausreisezentren‹ (etc.) eine möglichst menschenverachtende Stimmung in einem Land aufzubauen und zu fördern!

Wozu gibt es in Österreich heute eigentlich noch einen Finanzminister, einen Wirtschaftsminister und einen Bundeskanzler (*drei* Jobs), wo doch Letztgenannter heute ALLE diese Funktionen ohnehin ›in sich selbst‹ vereint, und seine Welt sich ohnehin nur noch um eines dreht: um Wirtschaft und Finanz, im Freudentanz. - Wozu gibt es in Österreich heute eigentlich noch eine Bundesregierung? Fünf Jahre ab heute OHNE Parlament und OHNE Regierung und der Staat hätte viele ›Sinnlosmilliarden‹ gespart und BESSER investiert gegen **das Hungerleid in der Welt**: das Problem der ersten Stunde (bis heute politisch UNGELÖST, aber nach wie vor weltumspannend und allgegenwärtig). Während tagtäglich in anderen Teilen der Welt Kinder verhungern, hat Österreich zur Stunde ›Kopftuchprobleme‹ im Klassenzimmer politisch zu lösen, und einen Sportminister (leidenschaftlicher Raucher), der möchte, dass »**Schulkinder im Turnsaal endlich wieder Purzelbäume schlagen lernen**«. Zum Glück ist Platon tot. - Jedes Kind, das heute anderswo auf Erden qualvoll verhungern muss, während unsere (demokratisch gewählten) Volksvertreter im Parlament zeitgleich über Kopftücher, Purzelbäume und Ausreisezentren debattieren, ist **ein Mord aus westlicher Hand (!)**, ist Zeugnis der Absurdität der Staatsform ›Demokratie‹ und der fortschreitenden Dummheit, Ignoranz und eingeschränkten Empathiefähigkeit einer ganzen Art.

Wenn ein Raucher in einem Land ›Sportminister‹ und ein Zivildiener ›Heeresminister‹ werden kann, dann ist der nächste Papst wahrscheinlich ein glühender Atheist. - Was kann man schon Intellektuelles von einer Gesellschaft erwarten, in der alle zwei Kilometer ein Kirchlein steht, die Engelchen über den Wolken tanzen und alle so tun, als wäre ein Leben nach dem Tod ›**die absolute Wahrheit**‹, für die man auch noch gesetzlich verpflichtet ist, Monatsbeiträge zu leisten, hat ein magischer Wassertropfen in Zeiten als Säugling die schlafende Stirn gestreift (Stichwort: Taufe). Spätestens im Erwachsenenalter sollte die sog. ›**magische Phase**‹ gesamtgesellschaftlich eigentlich abgeschlossen sein! - Das einzige Berufsbild, das neben dem von FPÖ-Politikern heute NOCH WENIGER zur **Förderung des Intellekts einer Gesellschaft** beiträgt, ist das von Geistlichen, die das Volk mit (angeblich wahren) Überlieferungen aus der Antike über von Geistern befruchtete Jungfrauen berieseln, überliefert von *Quellen der Weisheit*, die zum Erkenntniszeitpunkt im sicheren Wissen lebten, auf einer gottgemachten ›Scheibe‹ zu stehen. - Erst wenn neben jedem Gotteshaus auf Erden auch eine *Kathedrale des Nichts* steht, wird die Kulturlandschaft auch an der Oberfläche endlich ›DER WAHRHEIT‹ (statt nur dem überlieferten ›Halbwissen‹) entsprechen, und können aktive Denkprozesse in einer traditionell geistig verkümmerten Bevölkerung keimen und austreiben.

Die einfachsten Antworten auf komplexe Fragen (z.B.: WAS kommt NACH dem Tod?) können nur den begeistern, der nie gelernt hat, die eigenen Gehirnzellen zu strapazieren, sondern nur jede (auch noch so absurde) Geschichte ungefiltert zu schlucken, die GUT klingt und sofort GLÜCKLICH stimmt. »Tod? Himmel! Friede«, sagt die Kirche. »Flüchtling? Mauer! Freiheit«, sagt die FPÖ. Diese Schmerzen. - Wenn Freiheit und Friede tatsächlich ›so einfach‹ zu erzielen wären, wie Kirche und rechte Politik es der Menschheit seit jeher *mundgerecht* servieren, dann ist der Tod als Säugling hinter einer Mauer in der **simplen Logik dieser Welt** stets der schnellste ›Weg zum Glück‹. Es ist höchste Zeit, den ›**GLÜCKSEXPRESS-EFFEKT**‹ (alias die blitzartige Lösungs- und Glücksvermittlung), den die ewigen Halbwahrheiten aus FPÖ-Kreisen und aus Priestermunden ins gesellschaftliche Rollen bringen, endlich aufzuhalten und die Welt wieder auf TRAGFÄHIGE Pfosten des Verstands und der Wahrheit zu stellen! - Solange der ›Glücksexpress‹ aber ungebrochen durch die Lande tingelt, solange ist die Demokratie als Staatsform sinnlos, weil eine **intellektuelle Wüste** erschaffen, in der auch ›das allgemeine Wahlrecht‹ KEINE *Früchte des Verstands* mehr tragen und abwerfen kann! Wer die Bibel für ein Sachbuch hält (ein FIXSTERN am geistigen Horizont der FPÖ-Gemeinde), sollte kein Land regieren dürfen, sondern Dinge kritisch hinterfragen lernen müssen.

Wird ›Glaube‹ (statt ›Wissen‹) zur Überzeugung und schließlich zur Tradition, dann ist **die Empfänglichkeit für Blitzlösungen** in einer Gesellschaft erfolgreich integriert, der Intellekt kulturgeschrumpft und eine gefährliche, weil **leichtgläubige Stütze der Demokratie** geboren.[22] - Wenn ein österreichischer Politiker, der selbst an Engel und Teufel glaubt (von Kopftuch und Halbmond aber *nichts* hält), vom Volk

---

[22] Anm.: Wenn man in einer Gesellschaft schon mit Kleinkindern in Glaubensfragen ›Gehirnwäsche‹ betreibt (alias Religionserziehung), statt eine **frühkritische Distanz** zu mündlichen Überlieferungen aus der Antike zu fördern (Stichwort: Stille-Post), muss es NICHT wundern, wenn genau DIESE **intellektuell unterforderten Kinder** als Erwachsene begeistert in den ›**Waschkorb der Blitzlösungen**‹ rechter Politiker*innen greifen (oder es selbst werden): wer traditionell darauf konditioniert wurde, sogar den Tod als EINFACHE Sache zu begreifen (sterben und ab ins Paradies), wird später *keinen Grund* finden, zu überlegen, warum eine Mauer in der Flüchtlingsfrage KEINE Lösung, sondern nur eine billige und leichtverdauliche Blitzidee ohne Tiefgang sein kann. »**Mit Honig fängt man Fliegen**«: eine Frucht der Erkenntnis, von der nicht nur die Kirche lebt (in Sachen ›Mitgliederbeschaffung‹), sondern auch das politisch RECHTE Lager im demokratischen Stimmenfang. - Auch der Holocaust hätte NIE seine Schatten über die Welt werfen können, hätte die Kirche (mit ihren unzähligen Gotteshäusern und Priestern) der Menschheit nicht zuvor kultursystematisch den Intellekt gedämpft und den Weitblick geschrumpft! - ›Etwas‹ eint ALLE Rechtspopulisten dieser Welt (damals wie heute): ein **Gottglaube** begleitet sie durch das Leben, wie eine **Affinität zu Blitzlösungen** sie auch in politischen Entscheidungsfragen begleitet. »Wenn wir sterben, dann gehen wir zu Gott« (Problem gelöst), und »wenn Flüchtlinge kommen, dann bauen wir eine Mauer« (Problem gelöst). - **Religion ist Gift für den Intellekt einer Gesellschaft**, weil sie das Volk zu einer leichtgläubigen und **unkritischen Masse** erzieht, basierend auf uralten Weisheiten, gegossen in ein Buch, von dem NIEMAND sagen kann (auch nicht der Papst höchst selbst), ob es tatsächlich der Wahrheit entspricht (und ein **Sachbuch** ist!), oder ein Werk der Kategorie ›Harry Potter‹.

demokratisch in den Nationalrat gewählt wird, wegen seiner coolen Turnschuhe mit den Engelsflügeln, dann ist die Demokratie bestenfalls eine Staatsform zum ›**Quadrat der Idiotie**‹ und ein schlechter Scherz, der leider keiner ist, sondern *demokratische Wirklichkeit* von heute, die nachdenklich stimmen sollte.

Die Demokratie beruht heute auf Stimmungsschwankungen, flexiblen Meinungen, subjektiver Wahrnehmung und Sympathiewerten des einfachen Volks zu rhetorisch begabten (oder modisch gewagten) Politikern, statt auf komplexen Denkprozessen entsprungen dem scharfsinnigen Verstand von Philosophen mit politischem Weitblick und **emotionaler Intelligenz** im Kampf gegen soziale Missstände der Zeit. - **Meinungsfreiheit** ist wichtig (keine Frage); als Grundlage der Demokratie ist sie aber fahrlässig und gefährlich, weil nur Ursprung und Quelle potentiell *heißer Luft*, statt tiefgründiger Debatten im Parlament in Zeiten NACH einer Wahl. »**Few men think, yet all have opinions**«, sagte schon im 18. Jahrhundert der irische Philosoph George Berkeley, und hegte schon damals (wie sich heute zeigt durchaus berechtigte) Zweifel an der Sinnhaftigkeit der Demokratie als Staatsform, wenn sie auf der Meinungsfreiheit des einfachen Volks beruht, und eine Gesellschaft auf dieser *gefühlselastischen* Basis weder jemals intellektuelle Fortschritte machen, noch die Welt politisch jemals eine tatsächlich ›bessere‹ werden kann.

Dem Volk jegliche Form der Anteilnahme am politischen Geschehen in einem Land zu verwehren, ist natürlich weder zielführend noch Sinn der Sache! Das einfache Volk aber mittels ›Wahlrecht‹ über politische Kräfteverhältnisse in einem Land abstimmen zu lassen, ist ebenso sinnbefreit, wenn die Wahlsieger danach jahrelang schalten und walten können, wie es ihnen gefällt, und sie dabei sogar gegenteilig agieren, als im Wahlkampf zuvor versprochen. (Stichwort: Wahrheitsproblem). - Eine Volksbeteiligung an der Bundespolitik sollte NICHT länger über das *allgemeine Wahlrecht* (im Fünf-Jahres-Rhythmus) erfolgen, sondern nur noch in Form regelmäßiger *Ja-oder-Nein-Abfragen* im Volk zu geplanten Reformen, geschmiedet in einer ZENTRALEN DENKFABRIK, bestehend aus Intellektuellen und Philosophen mit hohen EQ-Werten (Stichwort: **Demokratie light**)! - Was in Österreich zur Stunde politisch geschieht, ist nur die Folge einer (beständig sinnloser werdenden) Staatsform, die parlamentarische Mehrheiten und Gesetzesreformen möglich macht, die in Sachen ›Engstirnigkeit‹ kaum zu übertreffen sind. Was Österreich zu KEINEM Zeitpunkt der Geschichte politisch jemals gefehlt hat, ist eine berittene Polizeistaffel, ist eine Umbenennung von Erstaufnahmestellen für Flüchtlinge in ›Ausreisezentren‹, ist ein Kopftuchverbot im Kindergarten, ist ein purzelbaumeuphorischer Minister für Sport, und sind alle weiteren (von der öffentlichen Hand getragenen!), **geistlosen Blitzangebote** aus freiheitlichen Trockengebieten (emotional UND intellektuell): fünf Jahre Schmerzen, Zeit- und Steuergeldverschwendung im Namen der Demokratie!

Aus intellektueller Sicht, ist in Österreich heute tatsächlich der Zeitpunkt erreicht, an dem **Realität und Satire** in der Politik nicht mehr voneinander unterscheidbar sind: ein Blick auf das bisherige Schaffenswerk der österreichischen Bundesregierung genügt als Beweis. Die *Zeit im Bild* (19:30 Uhr, ORF2) wird allmählich zur **täglichen Qualveranstaltung** für jeden Denker im Land, sofern die ›Stummtaste‹ zum geistigen Selbstschutz nicht stets in Griffweite gehalten wird. Ob nun ein katholischer Priester vom Altar zum Volke über *Satan* oder *das Fegefeuer* spricht, oder ob ein freiheitlicher Bundesminister vor laufenden TV-Kameras über ›Ausreisezentren‹ für Asylwerber*innen fabuliert, das gesprochene Wort (egal ob religiöser oder politischer Herkunft) führt heute in den Ohren jedes Empfängers MIT (!) intellektueller Kompetenz (und emotionaler Intelligenz) zu folgendem Verhalten: ist kein Notausgang in Sicht oder keine Fernbedienung griffbereit, hilft nur noch die Selbstgeißelung (alias ›**das Ritzen**‹), um den akustischen Schmerz in den Hörgängen in einen physischen zu verwandeln, der dem schmerzerfüllten Denker dabei helfen soll, den tieferen Ursprungsschmerz zu überblenden und zu bagatellisieren.

Das einzig ›Positive‹ und intellektuell Wertvolle, das die Bundesregierung dieser Tage in Österreich (politisch UND akustisch) hervorzubringen vermag (von Kirchenseite kommt leider NICHTS), ist die angenehme Gewissheit für jeden (selbstgegeißelten, aber noch-lebenden) Denker in dieser Welt, in wahrlich JEDER Angelegenheit **gegenteiliger Meinung** sein können zu dürfen, ohne überhaupt nachdenken zu müssen, warum: Urlaub für das Gehirn. Nur im Verzicht auf jede Art von Nachrichtenkonsum und jeder medialen Teilnahme am politischen Weltgeschehen, liegt für jeden Denker in dieser Welt heute der letzte verzweifelte Schlüssel zur Vermeidung stechender Kopfschmerzen verborgen. - Wer hätte gedacht, dass das ORF Frühstücksfernsehen, mit Reportagen über aus einem Salzburger Zoo entlaufene Schneehühner, eines Tages tatsächlich wertvollere (!) Beiträge zur ›Volksbildung‹ leisten (und redaktionell gestalten) wird, als die ZiB-Redaktion, mit Berichten über Gesundheitsminister, die das Rauchen fördern, über Sozialminister, die Leistungen kürzen, über Verkehrsminister, die Vollgas geben, über eine Außenministerin, die vor Putin kniet, und über einen Sportminister, der von ›Purzelbäumen‹ im Turnsaal träumt. Diese Gesellschaft ist *krank* (um nicht zu sagen geistesgestört - oder nicht mehr weit davon entfernt). - Natürlich fungiert eine öffentlich-rechtliche Rundfunkanstalt in der Nachrichtenübertragung nur als ›Sprachrohr‹ der Politik, doch sollte es dem ORF auch in dieser Funktion (zumindest in Untertiteln) erlaubt sein, sich von der abwesenden Logik freiheitlicher Politiker im Bedarfsfall distanzieren zu dürfen, um sich in Ausstrahlung deren ›Nullaussagen‹ nicht auch noch SELBST lächerlich zu machen. *Dummheit* ist heute nicht nur »kein Handicap in der Politik« (wie es Napoleon einst sagte); wie sich zeigt, ist ›Dummheit‹ heute bereits der Grundstein für eine politische Karriere, die Kernkompetenz westlicher Regierungen und **der stille Wahlhelfer** jeder Demokratie. - Keine Rundfunkanstalt auf (Gottes) Erden (egal ob öffentlich-rechtlich oder privatfinanziert), sollte sich an der medialen Verbreitung politischer Dummheit beteiligen müssen und dabei riskieren, ein allfällig intellektuell kompetentes TV-Publikum (wenn auch *Mangelware*), an dessen nervliche Belastungsgrenzen zu führen (Selbstverstümmelungsphantasien inklusive).

»**Für mich ist [...] klar, dass wir einen Vier- oder Fünf-Sterne-Standard nicht anbieten werden**«.[23] Mit DIESEN Worten reagierte Innenminister Kickl auf einen UNO-Bericht (Stand: Mai 2019), der Österreich ein Negativzeugnis ausstellte im Umgang mit Flüchtlingen sowie in Sachen ›Wahrung der Menschenrechte‹. - Im österreichischen Asylwesen herrsche eine

[23] vgl.: *Kickl verteidigt nach UNO-Kritik harte Asyllinie*: Online-Artikel der ORF.at-Redaktion vom 9. Mai 2019.

›Atmosphäre des Misstrauens‹, urteilte die UNO und kritisierte das politische Österreich für eine Fokussierung der Entscheider in Asylverfahren auf »**Schnelligkeit und Abschiebungen**«. - Auch Kanzler Kurz wies die Kritik der UNO scharf zurück und empfahl selbiger, nicht vorschnell über das Asylwesen in rot-weiß-rot zu urteilen, sondern sich zuerst einen Überblick über die anderen 27 EU-Länder und deren Umgang mit Flüchtlingen zu verschaffen. - Wenn die UNO erst erkennt (so die Logik des Kanzlers), wie *unmenschlich* andere Nationen im Umfeld des Landes mit Asylwerber*innen umgehen, wird Österreich (im Vergleich) nahezu im *Licht der Barmherzigkeit* erstrahlen. Ein ›bisschen unmenschlich‹ zu handeln, in anderen Worten, ist schließlich immer noch besser als ›viel‹. - Diese Schmerzen. Diese Demokratie. Diese Koalition der Kurzsichtigkeiten und diese **Nötigung zum Ritzen** für alle Staatsangehörigen, die sich zur Stunde NICHT (gemeinsam mit der FPÖ) in einem ›intellektuellen Wachkoma‹ befinden. - Bleibt abzuwarten, welche Geistesblitze aus den intellektuellen Tiefebenen des politisch rechten Lagers in nächster Zeit noch auf Österreich zukommen werden. Der ORF wird sie verlässlich um 19 Uhr 30 in die Wohnzimmer des Landes übertragen, sofern sich Meghan Markle nicht spontan für eine ›Kurzhaarfrisur‹ entscheiden sollte, und ALLE laufenden TV-Programme (weltweit) unterbrochen werden müssen.

»Wenn ich die Augen schließe, sehe ich eine Welt, in der alle Menschen gleich sind. Jeder kann sein, wie er ist und frei entscheiden, wie er leben will. Eine Welt, in der man keine Angst haben muss, für seine Fehler bestraft zu werden. Alle haben die gleichen Chancen, egal woher sie kommen, egal wer ihre Eltern sind. Es gibt keine Missgunst und keinen Neid, kein arm und kein reich, und keine Sektoren. Niemand muss kämpfen, nicht um sein Leben, nicht um Besitz, nicht um Gerechtigkeit. - Aber wenn ich die Augen öffne, sehe ich die Welt, wie sie ist: verlogen und kalt«.[24] - Eine moderne Interpretation der ›Menschenrechtsdeklaration‹ (projiziert auf die Kinoleinwand 2017): vielleicht dringt DIESE Version (wenn schon nicht das Original) eines schönen Tages auch in die Chefetagen der Politik vor, und vermag sogar dem politisch rechten Lager irgendwann die Augen zu öffnen: **guten Morgen Österreich!** - Willkommen in der Wirklichkeit, wo Geister erfolgreich Jungfrauen befruchten, wo faule Arbeitslose nur gemütlich in der (sozialen) Hängematte liegen, und wo Flüchtlinge nur potentielle Dealer, Einbrecher, Bankomat-Sprengmeister und/oder Vergewaltiger unserer jungfräulichen Töchter sind, die alle brav nach Gottes Grundsatz leben: wahre Liebe wartet.

---

[24] vgl.: Voiceover/Establishing Shot in „JUGEND OHNE GOTT“. Film von Alain Gsponer, frei nach dem gleichnamigen Roman aus dem Jahr 1937 von Ödön von Horváth: 2017 (D: 114 min).

Das Volk hat NICHT immer Recht; es hat Gott und liegt *falsch* (in vielen Dingen), ohne es zu wissen (und ohne es wissen zu können). - Wer an heilige Geister glaubt, glaubt tendenziell ALLES, sogar den Stimmen von FPÖ-Politikern, die glauben, dass weniger Kopftücher in Kindergärten (etc.) interkulturelle Probleme in einer Gesellschaft lösen können und die Welt ›besser‹ machen werden. - Ein Purzelbaum auf Erden kommt selten allein. Hauptsache der ›Glücksexpress‹ rollt traditionell durch das Land der Berge und das Volk springt weiterhin brav auf den (geistigen) Schnellzug der Zeit auf, immer rasant an ›der Wahrheit‹ vorbei und stets empfangsbereit für die einfachst-mögliche Antwort auf jedes Problem:

Tod? Himmel! Friede. (Kirche)

Flüchtling? Mauer! Freiheit. (FPÖ)

Was Hänschen nicht lernt, lernt Hans nimmermehr: eine kritische Distanz zu Halbwahrheiten und leichtverdaulichen *Fake Facts*. - Ist der Intellekt erst kulturell ruiniert, ist der Rechtsruck später vorprogrammiert (und die Demokratie zu einer fragwürdigen Staatsform mutiert).

Gute Nacht Österreich.

*fünf_*

Generation Darth Vader

Nicht nur im politischen Rechtsruck rund um die Welt bzw. in Wahlergebnissen lassen sich Rückschlüsse darüber ziehen, wie es auf *Gefühlsebene* um eine Gesellschaft steht und wohin sich diese entwickelt. Um der Gesellschaft einen Spiegel vorzuhalten und ihre aktuelle Gefühlslage (abseits vom Wahlverhalten) greif- und sichtbar zu machen, empfiehlt sich immer auch ein Blick Richtung ›Kunst & Kultur‹, und insbesondere auf **die Musikbranche** und ihre Bestsellerlisten. - Im Zeichnen des Stimmungsbildes einer Gesellschaft ist die Musikindustrie stets ein zuverlässiger Indikator, verpacken doch insbesondere Musiker*innen (wie die meisten Kunst- und Kulturschaffenden es tun) in ihrer Kunst oft und gern Gefühlsaufnahmen aus der eigenen Lebenswelt, und verarbeiten diese in und zu Musikstücken, die sich immer in Korrelation zum Befinden ihrer Kundschaft (je nachdem, ob sie den *Nerv der Zeit* treffen oder nicht), besser oder schlechter verkaufen. Keine Kunstform vermag unmittelbarer in die menschliche Gefühlswelt ein- und diese aufzugreifen als die Musik: sie lässt Menschen (oft binnen Sekunden) vor Freude tanzen oder vor Rührung weinen, und ist IMMER Tor in eine **Welt der Emotionen**. - Ist es nun unerklärlich (oder doch nur *logisch*), könnte man sich fragen, dass ›DEUTSCHRAP‹ in Österreich zur Stunde die (kommerziell) **erfolgreichste Musikrichtung** ist? Global betrachtet befinden sich RAP & HIP HOP sogar schon seit Jahrzehnten auf einem Siegeszug rund um die Welt.[25] »Der einzige Act, der im deutschsprachigen Raum [derzeit] mehr verkauft als Deutschrapper, ist tatsächlich Helene Fischer. Ansonsten kommt da nichts heran«, sagte der Wiener Rapper *Nazar*, einst Zuwandererkind aus einfachen Verhältnissen, aufgewachsen im Gemeindebau in Wien 10, auf die Frage nach den Wurzeln seines Erfolgs. - Das nächste Zeichen der Zeit: »Bevor ich deinen Leichnam in Plastik verpacke, gib mir besser zackig die Patte, […] sonst zerhackt dich der Assi-Kanake«.[26]

---

[25] vgl.: Wilhelmer, Philipp: Plötzlich sind alle Prediger. Interview mit Nazar. In: Kurier, Printausgabe 28. Jan. 2018, Seiten 35-36.

[26] Lyrics aus ›Zackig die Patte‹ von Nazar [feat. Kurdo], 2016 (Anm.: ugs. »Patte« ist gleich »Geld«).

In welche Abgründe haben Wirtschaft und Politik (in Förderung von Ungleichheit und sozialer Gräben-Erweiterung in Sachen ›Kapital‹ und ›Vermögen‹) die menschliche Gefühlswelt geführt, dass heute daraus Bestseller, Trends und Kulturgüter erwachsen, die reißenden Absatz finden und ›Begeisterungswellen‹ schlagen, während sie dabei nur so strotzen vor WUT auf die Welt, vor dem Wunsch zu töten, zu vernichten und die Welt zu zerstören. - »Ich habe gerade die Scharfe geladen und schieß' [...] mein Block war mein Babysitter, hier gab's keine Jedi-Ritter. [...] Wir hatten keine Wahl, du Pisser, sahen keine Farben glitzern. Es war ein hartes Schicksal, und genau deswegen sehn' wir schwarz, du Wixer«.[27]

Das harte Leben, der eisige soziale Gegenwind, der ewige Kampf um mehr Geld, mehr Gerechtigkeit und Freiheit ist im 21. Jahrhundert bereits zu einem Kulturgut IN SICH SELBST (und schon sprichwörtlich *salonfähig)* geworden, nicht nur in der Musikbranche, in anderen Bereichen der Populärkultur ebenso. So darf sich die **Videospielindustrie** heute sogar zum größten aller Profiteure am (wirtschaftspolitisch vorverursachten) NOTSTAND DER GEFÜHLE zählen, stellt die Branche doch sogar die Musikindustrie in Sachen ›Bilanzgewinne‹ weit in den Schatten und bedient einen Massenmarkt der nächsten Dimension.

---

[27] Lyrics aus ›Generation Darth Vader‹ von Nazar, 2016.

HASS in sich zu tragen, wie ihn Rapper besingen (und Kriegsspieler virtuell ausleben), ist heute schon eine Art ›Normalzustand‹ geworden, wenn nicht sogar der am besten der Welterfahrung eines Individuums entsprechende, und daher BESTVERKÄUFLICHE Gefühlszustand der Moderne. »**Komm in meine Welt und wir fressen dich, Bitch. Willkommen auf der dunklen Seite der Macht!**«, wie es schon Nazar in seinem Titel *Generation Darth Vader* der Welt (zumindest der deutschsprachigen) so pointiert zu verstehen gibt: es bedarf längst nicht mehr nur einer finsteren Miene und dunkler Kleidung, sondern bereits einer geladenen Schusswaffe im Anschlag, um der *geldgemeinen Welt* von heute noch erfolgreich die Stirn bieten zu können, und nicht unter ihre Räder geraten zu müssen. - Für seinen Titel *Hölle,* einer melodischen Lobrede auf den illegalen Drogenhandel als letztlich *einzig reale* Möglichkeit der raschen Geldbeschaffung für Sozialhilfebezieher aus dem Plattenbau, wurde Nazar erst 2017 mit dem *Amadeus Award,* dem wichtigsten Musikpreis Österreichs ausgezeichnet. »**Jeder will hoch zur Million durch Drogen und Co.**«, erklingen die Worte in Nazars melodischer Hölle: »Wir werden nicht in die Hölle kommen, denn sie kommt zu uns. […] Alle hier in meiner Gegend, choya, tragen statt Mama ne Roli am Arm«.[28]

---

[28] Lyrics aus ›Hölle‹ von Nazar, 2017 (Anm.: ugs. »choya« ist gleich »Bruder«; ugs. »Roli« ist gleich »Rolex«).

Wie die Motte das Licht, ziehen gewaltverherrlichende Werke der Populärkultur heute insbesondere die Jugend in ihren Bann, und sorgen für klingende Kassen, hier wie dort: während in der virtuellen Welt alles erschlagen und/oder erschossen wird, was sich bewegt (und die Videospielbranche den Jugendansturm kaum noch bedienen kann), wird in der Musikwelt von den *Wixern,* den *Pissern* und den *Fingern am Abzug* gesungen, und allerorts klettern die Kontostände in den Himmel des Erfolgs. - Der Siegeszug von RAP & HIP HOP und virtueller Kriegsschauplätze innerhalb der heutigen Jugendkultur ist Sprachrohr für den **fortschreitenden Sozialabbau** in der westlichen Welt und lässt auf einen **allgemeinen Abwärtstrend** am Gefühlsbarometer der Gesellschaft schließen, als Konsequenz auf eine zunehmend HARTE ZEIT für die Menschheit: das 21. Jahrhundert.[29]

---

[29] Anm.: Auch der Siegeszug der **deutschen Schlagermusik** (eine Art Volksmusik im Popkleid) wurzelt im (ökonomisch bedingten) Abwärtstrend am Gefühlsbarometer des Kollektivs und lässt sich gleichermaßen erklären. - Während *Rap & Hip Hop* dem Publikum mit Gewalt- und Zerstörungsbotschaften ein Ventil für den Abbau aufgestauter negativer Emotionen bieten, ist Schlagermusik eine kulturelle **Möglichkeit der Flucht** vor dem harten Alltag, und eine Art melodischer Rückzugsort in eine HEILE WELT. »Es geht um die Sehnsucht nach einer besseren Welt«, sagt Tobias Reitz (einer der erfolgreichsten Schlagertexter der Gegenwart); »es geht um die Sehnsucht nach Liebe; […] nach dem Erhört-werden; […] nach Eskapismus […]. Das sind Lieder für die SEELENAPOTHEKE«, sagt er, »die Menschen sind krank, also brauchst du etwas, das hilft. Der Schlager ist DAS, was helfen will« (vgl.: „Von Liebe, Lied und Leidenschaft – Ein Schlagerstreifzug durch den Westen". WDR TV-Reportage von Katja Lüber: 19. Nov. 2018).

Was der BLUES für die Sklaven auf den Baumwollfeldern früher war, sind heute RAP & HIP HOP für die vergessenen Kinder in den Gemeindebau-Innenhöfen in Wien 10: kultureller Hilfeschrei und Ausdruck der TRAUMA-BEWÄLTIGUNG von selbsterlebter, sozialpolitischer Misshandlung im Namen des Kapitalismus. - Hört denn niemand hin, ›wovon‹ die vielen preisgekrönten Rapper in ihren Liedern heute immerzu berichten? In (so gut wie) ALLEN ihrer (immer-gleichen) Meisterwerke werden immer entweder ihre finanziellen Nöte als ›Mini-Jobber‹ und ihre traditionellen Schwierigkeiten in Sachen ›Kapitalbeschaffung‹ angeklagt, oder es werden die *schärfste Bräute* mit den *prallsten Brüsten* besungen, die immer ERST DANN an der Bettkante erscheinen, ist die ›Brieftasche‹ endlich SCHWER genug, um in den Augen der Welt (und der Frauen) ›etwas‹ zu gelten. - **Geld regiert die Welt**: die einzige Aussage der Rapper von heute und die einzig inhaltliche Basis, auf der ihr Triumphzug beruht: ihre blinde Wut auf die Wohlstandsgesellschaft und ihr WAHRES ICH: »**Wie Ratten in Gossen nur abgestellt: hier lernst du, wie man eine Waffe hält. [...] Wir fühlen nichts mehr, denn zu taub ist das Herz; vor lauter Hass in der Brust, sind die Augen geschwärzt**«, so klingt ›der Sozialstaat‹ dann im Titel *Generation Darth Vader* von Nazar, und in den Ohren seines Publikums, das sich in Texten dieser Art wiederfindet (und sich die Finger wund applaudiert).

»**Alle Empfindungen, die WIR beherrschen, sind rechtmäßig; alle, die UNS beherrschen, sind verbrecherisch**«, sagte Jean-Jacques Rousseau. - Ökonomische und soziale Ungleichheit, ein weltumspannendes *Problem der Stunde*, über Jahrzehnte wirtschaftspolitisch aufgebaut und gefördert, wirkt negativ auf die Gefühlswelt einer ganzen Generation, und ist vielleicht eines der **schlimmsten Verbrechen an der Menschheit** in der Geschichte der Welt (NACH dem Holocaust, versteht sich). - Nazar wird auch morgen noch mit melodischen Gewaltparolen sein Publikum finden und weiter auf der ›Erfolgswelle‹ schwimmen, und die Programmierer werden schon fleißig an neuen Onlinewelten bauen (den ›Kassenschlagern‹ von morgen), die es mit ALLER GEWALT wieder zu vernichten wird gelten: je gewaltvoller, desto besser für den Druckausgleich im (zunehmend) angespannten Gefühlshaushalt einer ›Generation Darth Vader‹.

Der Mensch ist nicht von Natur aus böse, sondern von Kultur aus. Der Erfolg von Hass und Wut, Gewalt und Zerstörung in ausgewählten Bereichen der Populärkultur (wie in diesem Kapitel beschrieben), kommt NICHT von ungefähr oder unbekannt; es ist Ausdruck der **emotionalen Überlastung** einer Generation unter fortschreitend **negativem Kulturstrom** – (und hängt wie ein Damoklesschwert an einem seidenen Faden über der Zukunft der Welt).

War es in den 90er Jahren noch ein wahres Vergnügen, in die tanzbare, heitere und durchwegs positiv-emotionale Welt der **Ö3 Austria Top 40** (wöchentliche Erhebung der meistverkauften aktuellen Musiktitel im Land) einzutauchen (Stichwort: JOYRIDE), so gleichen die Ö3 Singlecharts heute einem melodischen Streifzug durch eine düstere (um nicht zu sagen *bedrohliche*) Welt der Rapper und Hip-Hopper, der im Hörer automatisch ein stilles Verlangen weckt nach Alkohol und Drogen, nach einem Goldzahn, einer Rolex, einem Benz, einer Hure, einer Pistole, einem Messer und einem Schlagstock. In den Charts von heute wird schließlich jedem *Wixer*, der einer vergebenen *Bitch* nachstellt, der *schwule* Schädel eingeschlagen (zumindest musikalisch). - Eine Entwicklung der Moderne, die nachdenklich stimmen sollte. Wenn Musik ein Tor in die Welt der Emotionen ist, und Rap & Hip Hop die Gefühlslage der Jugend von heute aufzugreifen und realitätsnahe abzubilden vermag, dann wird es Zeit, sich waffentechnisch aufzurüsten und allmählich fit zu machen, für die Welt von morgen. - Und »na klar, gibt es Sex«, rappen Bonez MC & Raf Camora feat. Gzuz im Titel *Mörder* (2016), »weil ich parshippe jetzt. Knall' sie einfach in der Parklücke weg. Wix' ihr in die Fresse und frag' sie, wie's schmeckt« (ca. 86 Millionen Aufrufe und über fünfhunderttausend ›Likes‹ aktuell auf *Youtube.com*). - Come, join the (new) joyride!

sechs_

Tatort: Kultur

Kriminalpsychologen gehen davon aus, dass hinter *jedem Verbrechen* eine Logik steht, hinter jeder Logik ein Grund, und hinter jedem Grund (letzten Endes) EIN GEFÜHL (Stichwort: Kontrollverlust). Kein Serienkiller schreitet zur Bluttat, um seine Lebensfreude auf diesem Wege mit seinen Opfern zu teilen, wie auch niemand in demokratischen Wahlzeiten den (xenophoben) ›Heimatschutz-Parolen‹ des politisch rechten Lagers applaudiert, sind dabei nicht auch **negative Gefühle** mit dem Zustand der Lebenswelt des Individuums im Spiel, die abgebaut werden wollen. – **Empathie-Verminderung** (egal in welcher Form sie in Erscheinung tritt) ist immer auf **emotionale Belastungen IM VORFELD einer Handlung (!)** zurückzuführen, die es zu finden und zu analysieren gilt (Kernaufgabe von Kriminalpsycholog*innen und Gegenstand der Ermittlungen dieses Kapitels).[30]

---

[30] Anm.: Menschen mit **wenig Empathie** sind zumeist (ökonomisch/monetär) **emotional vorbelastet** und im Regelfall eher Fleischfresser als Tierschützer, und eher Heimatkämpfer und FPÖ-Wähler (»Österreich zuerst!«) als Grenzöffner und Weltbürger. Sie glauben an Gott, tragen gern Staatsadler- oder Engel-Tattoos, beten für ein schöneres Leben NACH dem Tod und sind oft Egozentriker mit HOHEM Selbstwert (leicht verwundbar). Ihr Motto lautet: »**die Welt ist klein, aber ICH bin groß**«. In Modefragen greifen sie gern zu Markenware zur Verstärkung des Selbstwertes nach außen. - Im Vergleich dazu, sind Menschen mit **viel Empathie** im Regelfall **weniger emotional vorbelastet** (ökonomisch/monetär) und öfter Vegetarier, Freidenker und Anhänger liberaler Politik (»wir gehören alle zur GLEICHEN Familie der Menschen«). Sie glauben seltener an Gott, tragen gern Freiheitssymbole oder Sonnen-Tattoos, und wollen, dass das Leben schon VOR dem Tod für ALLE Lebewesen auf Erden schön ist. Sie sind eher du-bezogen und im Selbstwertbereich weniger absturzgefährdet, weil ohnehin selten im Höhenflug. Ihr Motto lautet: »**die Welt ist groß, aber ICH bin klein**«. In Modefragen greifen sie seltener zu Markenware, da Kleidung eher das Innenleben spiegeln als die Außenwirkung stärken soll. - Menschen mit HOHEN Empathiewerten sind allgemein (im Vergleich) die zumeist **sensibleren Wesen**: sie sind anfälliger für Allergien (Stichwort: dünne Haut), haben niedrigere Schmerzgrenzen (Stichwort: Männerschnupfen), sind öfter schlafkompliziert (Stichwort: Vollmond) und weniger diszipliniert im Kampf gegen Kalorienbomben (Stichwort: Bauchmenschen), sie schreiben immer MIT *Emojis*, sind besser im Bett (Stichwort: Leidenschaft) und sind im Regelfall die **signifikant besseren Tänzer** (Stichwort: Rhythmusgefühl). Wenn der Volksmund sagt, »gute Tänzer sind die besseren Liebhaber«, so ist dies als ›KORREKT‹ einzustufen! - FRAGE: Tanzen Sie gut, liebe Leser*innen? Falls nicht, sind Sie im Bett wahrscheinlich KEINE Granate, essen täglich Fleisch, applaudieren dem FPÖ-Politiker, wenn er von *Ausreisezentren* spricht, frühen einen Rosenkranz am Rückspiegel und erschlagen instinktiv JEDE Fliege an Ihrem Fensterglas (Ihr Problem ist damit ›schlagartig‹ gelöst und die Fliege im Himmel: *win-win*). - Ist dies der Fall, so wenden Sie sich bitte an Ihren Hausarzt! Ihr Gefühlshaushalt zeigt DEFIZITE: Sie sind ein ernsthaft ökonomisch vorbelasteter ›KOPFMENSCH‹ und benötigen dringend eine Spritze ›**Mitgefühl**‹ und eine Dosis ›**Serotonin**‹ (Glückshormon).

Nicht nur Gewaltverbrecher, auch ›die Wirtschaft‹ lässt sich ganzheitlich kriminalpsycho- und soziologisch analysieren, wenn man das System als **Stressor, Energiefresser und Serienkiller** am Glücksempfinden einer Gesellschaft begreift: die Wirtschaft fesselt uns jahrzehntelang (auch bei 36 Grad und Sonnenschein) an Bürobildschirme, Fließbänder und Verkaufstheken; sie nimmt uns immer mehr Zeit mit der Familie, statt uns mehr davon zu geben (Stichwort: 12-Stunden-Tag); sie betrachtet drei Stunden Fahrzeit (für die tägliche An- und Rückreise) als ›Freizeit‹ und glaubt, die (unbezahlte) Mittagspause in der Betriebskantine bei 120 Dezibel Geräuschkulisse sei ein ›Freizeitvergnügen‹; sie bezahlt unsere Leistung immer möglichst *gering* und höchst *ungleich* (Stichwort: Verhandlungsgeschick); sie verlangt von uns, Zeitaufzeichnungen zu verfälschen, denn »Überstunden gibt es bei uns NICHT« (Stichwort: Wahrheitsproblem); sie lässt uns immer schlechter schlafen und legt uns Antidepressiva unter die Kopfkissen; sie erwartet unsere ständige Erreichbarkeit (mitunter sogar im Krankenstand), legt uns immer öfter in befristete Kettenverträge (um in Personalagenden ›abschiebeelastisch‹ zu bleiben), und verlangt bei alledem auch noch höchste Belastbarkeit und Stressresistenz von uns, sowie die Bereitschaft, *die Extrameile* (auf All-in-Basis) zu gehen und nachhaltige *Sonnenlichtdefizite* mit Vitamin-D aus dem Apothekerfläschchen auszugleichen.

Die Wirtschaft ist keine *Quelle der Volkszufriedenheit,* sondern setzt die Bevölkerung der Moderne unter immer stärkeren ›Strom‹ (Stichwort: STRESS), und macht sie immer stärker vom Überweisungslauf der Arbeitgeber abhängig: je kleiner der überwiesene Betrag, desto größer die Abhängigkeit und kleiner die Freiheit. - Eine Stresserfahrung, die im Unterbewusstsein des Individuums Gefühle von **Macht- und Hilflosigkeit** provoziert und einen **Gefühlszustand der Fremdbestimmung** gesellschaftlich vorantreibt (auch ›**externale Kontrollüberzeugung**‹ genannt),[31]

[31] Anm.: Als ›Kontrollüberzeugung‹ bezeichnet man in der Psychologie den Grad des Empfindens eines Individuums (zum Zeitpunkt jetzt) über das eigene Leben SELBST BESTIMMEN und die Zügel SELBST in Händen halten zu können. - Je nachdem, ob dieses Empfinden in einem Individuum *eher stark* oder *eher schwach* ausgeprägt ist, unterscheidet man zwischen **internaler** und **externaler Kontrollüberzeugung**. - Um den Grad der Kontrollüberzeugung in sich selbst zu lokalisieren, empfiehlt sich die Beantwortung folgender Frage: WER (oder was) führt in meinem Leben Regie? Bin ICH Regisseur und schreibe das Drehbuch SELBST, oder folge ich eher Regieanweisungen von außerhalb? Lenke ICH das Lebensboot oder folgen meine Segel eher dem gesellschaftlichen Wind, wie er eben kommt (bzw. gekommen ist)? - Wenn Sie, liebe Leser*innen, der Überzeugung sind: »**jeder Mensch ist seines Glückes Schmied**«, so sind Sie zu diesem Zeitpunkt wahrscheinlich eher *internal* kontrollüberzeugt, glauben eher nicht an Gott und sind wahrscheinlich *wenig* emotional vorbelastet in Sachen ›Geld‹ und ›Wirtschaft‹. Vielleicht sind Sie selbst Unternehmer*in, verdienen überdurchschnittlich gut, wohnen in einem Luxusdomizil am Stadtrand und schicken Ihre Kinder in die Privatschule. Im Supermarkt achten Sie SELTEN auf Sonderangebote. - Wenn Sie das Glück aber sprichwörtlich eher für ein ›Vogerl‹ halten, und Ihre Einstellung zum Leben eher lautet: »**es regnet immer dort, wo es ohnehin schon nass ist**«, so werden Sie eher *external* kontrollüberzeugt sein, regelmäßig zu Gott beten, in Jackpot-Zeiten stets Lotto spielen und in der ständigen Hoffnung auf BESSERE

der heute im steigenden Wählerzuspruch zum politisch rechten Lager sowie im Wiederaufflammen des Nationalismus wurzelt, in Reaktion und als Gegenwehr auf fortschreitend **kultursystematischen Kontrollverlust des Kollektivs**. - Je *härter* das moderne Leben im Westen anmutet (und je *größer* das Abhängigkeitsverhältnis zum Kapital der Wirtschaft), desto eher EXTERNAL wird die Kontrollüberzeugung des Individuums ausgeprägt sein, und desto eher wird es dem politisch RECHTEN Lager in die demokratischen

---

Tage leben. Wahrscheinlich befinden Sie sich heute in einem Angestellten-Verhältnis auf All-in-Basis, verdienen weniger als Sie es sollten (aus Ihrer Sicht) und haben noch jahrzehntelang mit der Rückzahlung von Kreditraten zu kämpfen. Im Supermarkt halten Sie STETS nach Sonderangeboten Ausschau. Wahrscheinlich ist die *Marktguru-App* sogar eine Art ›Tagesprophet‹ für Sie. - Ist dies der Fall, so sind Sie in Ihrem Konsumverhalten eher *ferngesteuert* (bzw. fernbedient) VON AUßERHALB, auch wenn Sie die Kaufentscheidung (aus Ihrer Sicht) selbst getroffen zu haben glauben; sie wurde Ihnen jedoch schon im Vorfeld kulturell genommen: Ihr zwanghafter Spartrieb ist nur das Resultat einer **gelernten ökonomischen Hilflosigkeit**, die sich in Ihrem Lebensrucksack angestaut hat. Wahrscheinlich mussten Sie schon als Kind regelmäßig durch sog. ›**Toastbrot-Zeiten**‹ (Phasen der elterlichen Geldnot am Monatsende) gehen, und tendieren daher heute zu einer Art automatisierter *Abwehrhaltung* in der Flüchtlingsfrage, schließlich kam (und kommt) auch Ihnen in 'harten Zeiten' NIE einfach ein ›Vogerl‹ (oder ein ›Staatsadler‹) geflogen, und legte Ihnen mit freundlichen Grüßen einen prall gefüllten Geldbeutel vor die Tür. Eine Art (empathiehemmender) ›GERECHTIGKEITSHUNGER‹ schlummert kultursystematisch im Unterbewusstsein jedes Individuums mit **ökonomisch negativ-emotionaler Vorerfahrung**, die AUßERHALB (d.h. EXTERNAL) der eigenen Kontrolle liegt. - Nicht jedermann ist seines Glückes Schmied; wer eher *external* kontrollüberzeugt ist, wird sich weniger als Schmied, sondern eher als Empfänger*in des Glücks empfinden, begleitet von Gefühlen der permanenten Unterversorgung seitens einer *geldgemeinen* Welt.

Arme laufen, das mit hetzerischen Heimatschutzparolen der Kategorie ›Österreich zuerst!‹ nicht nur auf Bundesebene nationale **Selbststärkung** betreibt, sondern auch auf Gefühlsebene des Individuums wieder für stärkeres Macht- und Kontrollempfinden sorgt, und Gefühle fortschreitender Hilflosigkeit des Kollektivs in *Nationalstolz* und *Heimatliebe* verkehrt (zum Leidwesen für linksliberale politische Bewegungen). Der weltweite Trend zum Rechtsruck ist nur das Produkt einer Gesellschaft, die immer stärker im *Käfig der Wirtschaft* gefangen, zunehmend nach jedem ›demokratischen Strohhalm‹ greift, um kultursystematisch vorverursachte Kontrollverluste im individuellen Gefühlshaushalt wieder emotional auszugleichen und abzubauen. - Wenn schon das Leben im eigenen Land entweder ein ewiger Kampf um das wirtschaftliche Überleben ist (arm), oder ein Leben in ständiger Angst vor Einbrecherbanden aus dem Ostblock (reich), dann kümmern ›die Befindlichkeiten‹ hilfesuchender Flüchtlinge vor den Toren der eigenen Nation naturgemäß IMMER WENIGER (Stichwort: FPÖ-Ausreisezentren): **kultursystematische Empathie-Verminderung** im Unterbewusstsein des Individuums und des Kollektivs, geschmiedet in den Feuern der Wirtschaft, die das Leben im (angeblich reichen) Westen immer *härter* und das Mitgefühl für die eigene Art immer *kleiner* macht.

Freud entwickelte Ende des 19. Jahrhunderts die **Psychoanalyse**, und zeigte (u.a.) erstmals auf wissenschaftlicher Ebene auf, dass der Mensch, neben seiner körperlichen Gestalt, genauso auch auf einer *geistigen Ebene* (Stichwort: Unterbewusstsein) verletzlich und verwundbar (aber auch manipulierbar, vorhersehbar, beeinflussbar, steuerbar und sogar heilbar) ist. - Als die Menschheit erkannte, dass ›die Sonne‹ im Mittelpunkt des Universums steht (Stichwort: Kopernikus), obwohl die Kirche den Menschen jahrhundertelang lehrte, ein Schöpfer habe ›die Erde‹ ins Zentrum des (damals bekannten) Universums gestellt, führte laut Freud zur **ersten großen Kränkung der Menschheit** auf *kosmologischer Ebene*. 1.543 Jahre lang ein falsches Bild der eigenen Heimat vor Augen gehabt zu haben, schmerzt (nicht körperlich, aber geistig).[32] - Als die Menschheit erkannte, dass sie nur das (vorerst) letzte Glied einer langen Kette von Evolutionsschritten, nur

---

[32] Anm.: Nach Erkenntnisgewinn um die *tatsächliche Beschaffenheit* des Universums, ließ die katholische Kirche im Zuge der ›Inquisition‹ sogar Mönche aus den eigenen Reihen hinrichten (Stichwort: Giordano Bruno), die das **heliozentrische Weltbild** von Kopernikus proparierten (zu groß der Schmerz um die Wahrheit bzw. das neue Wissen, um eine jahrhundertelang **gelebte Lehre des Irrtums**). Bis heute lebt jede Kirche (bzw. Religion) von der Lehre an einen **allwissenden Schöpfer**, der einen Propheten zur Erde sandte, der die Menschheit NICHT in ihrem falschen Weltbild korrigierte!? - Um glaubhaft zu sein, hätte die ERSTE Botschaft jedes Propheten Gottes es sein müssen, der Menschheit zu offenbaren, dass NICHT die Sonne sich um die Erde dreht, sondern umgekehrt! JEDE Überlieferung zur Schöpfungsgeschichte der Erde datiert VOR 1.543, egal welcher Herkunft, ist daher MIT VORSICHT zu genießen und *kritisch* zu betrachten in Sachen ›Wahrheitsgehalt‹.

›Teil der Natur‹ und weiter KEINE Besonderheit auf Erden ist (Stichwort: Darwin), führte laut Freud zur **zweiten großen Kränkung der Menschheit** auf *biologischer Ebene*. 1.859 Jahre später erfahren zu müssen, dass man kein plötzlicher *Adam* und keine plötzliche *Eva*, sondern nur die vorerst höchst-entwickelte Affenart auf Erden ist, schmerzt (nicht körperlich, aber geistig). - Die Erkenntnis um das Vorhandensein eines ›Unterbewusstseins‹ führte laut Freud in *seinem* Dienste schließlich zur **Menschheit dritter großen Kränkung** auf *psychologischer Ebene*, weil der Mensch sich eingestehen musste, nicht immer HERR DER LAGE über sich selbst, sondern auch ein in unsichtbaren Dimensionen *beeinflussbares* und *steuerbares* Wesen zu sein (eine Erkenntnis, von der heute viele profitieren: Wirtschaft, Politik, Kirche, etc.). - Wenn die Menschheit im Westen erst erkennt und begreift, was im technologischen Wandel der Zeit von der Industrialisierung bis heute mit ihr geschehen und aus ihr geworden ist (Stichwort: Gefangene der Wirtschaft mit Bildschirmschonern, die glücklich machen) wird die **vierte große Kränkung der Menschheit** auf *ökonomischer Ebene* geschehen sein (mit welchen Folgen auch immer). - Die ›Generation Darth Vader‹ steht schon bereit: die Zeit wird immer härter, die Freiheit immer kleiner, die Flüchtlingswellen immer globaler (und häufiger), die Unzufriedenheit immer größer, und dem Mitgefühl geht allmählich der Treibstoff aus.

Nur eine *glückliche* Gesellschaft ist mitfühlend und friedvoll; jeder ANDERE Gefühlszustand in einer Demokratie ist gefährlich, weil spielt nur Rechtspopulisten GUTE Karten in die Hand. Die Nationen der westlichen Welt mögen sich heute als ›Wohlstandsgesellschaften‹ begreifen, doch klafft eine wachsende Kluft zwischen äußerem und innerem Wohlstand (materiell versus emotional): **das Wohlstandsparadoxon**. Im Westen trägt heute bald *jedermann* sein individuelles, von der Wirtschaft (external) geschnürtes, **emotionales Belastungspaket** am Rücken durch die Welt, und den Preis dafür müssen heute Flüchtlinge bezahlen (wenn das allgemeine Wahlrecht zur Urnentat schreitet). - Ob wir nun *reich* sind und uns vor Einbrechern fürchten; ob wir nun *arm* sind und unseren Kindern die Teilnahme am Schulschikurs verweigern müssen, oder ob wir uns erkältet an den Arbeitsplatz schleppen, weil wir eine Kündigung (oder sei es nur ›abschätziges Gerede‹ im Kollegium) fürchten, während Sozialhilfebezieher (mit und ohne Migrationshintergrund) zur selben Zeit ausschlafen und *gemütlich* in den Tag starten können; sogar ein Blick aus dem Bürofenster kann heute mitunter emotional belasten: »perfektes Badewetter, aber ich sitze HIER und habe Emailverkehr«. - Stresserfahrungen dieser Art sind bunt und vielgestaltig, wie die Menschen selbst, doch ergreifen sie heute nahezu ALLE Bevölkerungsschichten im (wohlhabenden) Westen und entspringen allesamt *derselben* Quelle: der Wirtschaft und ihrer Funktion als **ziviler Kontrollverlustangstverstärker** (zum Vorteil für das politisch rechte Lager und dessen Zuwachsraten in Wahlzeiten). - Kontrollverlust verlangt immer nach Selbststärkung; Fremdbestimmung verlangt immer nach Selbstbestimmung: auf einen Reiz folgt immer eine Reaktion. Ist die Welt gemein zu mir, bin ich es zu ihr: ein Ausweg aus der kulturellen Opferrolle (vom Opfer zum Täter): wir zuerst!

Der Kapitalismus hat aus Wesen, die von Natur aus sozial und mitfühlend sind, allmählich Kreaturen mit schwebenden Kontrollverlustängsten, sinkenden Empathie-Werten und steigender Affinität zu rechten Heimatschutzparolen gemacht: ein Verbrechen, kein Richter (aber ca. 17.000 Tote am Grunde des Mittelmeers). - Wer die Welt durch ›die Geldbrille‹ sieht (wie im *geldgemeine-Welt-Syndrom* beschrieben), wird in Flüchtlingen weniger ›Schutzbedürftige‹, als eher potentielle Einbrecher und gemütliche Sozialhilfebetrüger erkennen. Wer die Welt durch die (gelernte) ›Ein-Gott-Brille‹ sieht, wird in Flüchtlingen weniger ›Kinder Gottes‹, als eher ein Land der Dome im islamisch-bedrohlichen Halbmondlicht erkennen. - Wer BEIDE Brillen gleichzeitig trägt, ist **doppelt kulturell fremdbestimmt** (ökonomisch UND religiös gestresst), befindet sich im **KULTURGEMEINE-WELT-SYNDROM**, lebt in erweiterter, sogar **zweifacher Angst vor Kontrollverlust**, und ist entweder FPÖ-Politiker (oder

Wähler), Mitglied einer Burschenschaft oder Fahnenträger der *Identitären*. Gezählte 16 Burschenschafter sind in Österreich (Stand: Februar 2018) Abgeordnete zum Nationalrat, zwei sind Minister der Regierung, viele weitere sind Generalsekretäre, Kabinettsmitarbeiter und Landtagsabgeordnete.[33] - Was kann es für doppelt kulturgestresste Individuen schon Erbaulicheres geben, als in dunklen Kellergewölben gemeinschaftlich zur Bundeshymne zu salutieren und sich spielerisch im Schwertkampf zu üben, um drohenden Kontrollverlusten in einer immer *kulturgemeiner* werdenden Welt zu entfliehen und wieder mit **nationalgestärkter Brust** vor den Spiegel treten zu können. - Politiker aus dem rechten Lager und ihre Wähler haben immer EINES gemeinsam: **Geld und Gott** im Sorgenzentrum, das immer größer wird in Zeiten der Globalisierung. **Patriotismus** (der Kategorie ›FPÖ‹) keimt immer dort am stärksten (und wurzelt immer dort am tiefsten), wo Kontrollverlust kulturell sogar ZWEIFACH droht (wirtschaftlich UND religiös).

Das Wiederaufflammen des Nationalismus überrascht nicht in *kulturgemeinen* Zeiten wie diesen: das Leben ist hart und Gott ist groß, und Flüchtlinge (mit leeren Taschen und dem *falschen* Gott im Schlepptau) vermögen ›diesen‹ Zustand im eigenen Land NICHT

---

[33] vgl.: *Burschenschafter in der Regierung, im Parlament und in den Landtagen*: Online-Artikel der Kontrast-Redaktion vom 2. Feb. 2018.

(und NIE) zu verbessern! - Auch sollte mittlerweile kein Rätselraten mehr darüber herrschen, warum das politisch rechte Lager nicht nur Pflichtschulabsolventen, sondern auch *Akademiker* zu ihrer Fangemeinde zählt, da NICHT der Bildungsgrad über die soziale Grundhaltung und das Empathie-Vermögen eines Individuums entscheidet (!), sondern **der Grad der kulturellen Fremdbestimmung in Relation zum individuellen Grad der empfundenen Lebenszufriedenheit**. Ein Studium vermag nicht zwangsläufig vor Kulturstress und latentem Gerechtigkeitshunger zu schützen; es kann sogar *verstärkend* wirken (fachabhängig), wenn ›das Fremde‹ in Geldnot im Schlafzimmer zu erscheinen droht, oder einen Glauben ins Land trägt, der dem Gelernten widerspricht: in beiden Fällen *kulturelle Stressoren* und *Kontrollverlustverstärker* im Namen von Gott und Geld, Bildungsgrad unabhängig! - Erst wenn sich ›der Kulturstress‹ in der Menschenwelt legt, wenn schon nicht in Sachen ›GOTT‹, dann zumindest in Sachen ›GELD‹ (Stichwort: bedingungsloses Grundeinkommen für alle), wird ›die Demokratie‹ wieder eine SINNVOLLE Staatsform sein, weil der Mensch nur in einer **kulturstressberuhigten Lebensumgebung** rationale (statt *egozentrische* und *empathieflache*) Entscheidungen am Wahltag treffen kann bzw. zu treffen in der Lage ist.[34]

---

[34] Anm.: **Links** oder **rechts** zu stehen im politisch-ideologischen Spektrum ist KEINE Frage der Wahl zwischen *gut* oder *schlecht*, *richtig*

oder *falsch*! Der Mensch ist ein von Natur aus soziales und mitfühlendes Wesen; was sich DARAUS entwickelt, liegt in Händen der Kultur, sowie in der **Art der Gefühlsumgebung**, in die er hinein geboren wird (und lernen muss, damit umzugehen). - In einer schmerzbefreiten Gefühlsumgebung bleibt die mitfühlende Natur des Menschen bestehen. Wenn die Lebensumgebung aber emotionale Belastungen und Kontrollverluste fördert (ökonomisch und religiös), kann sich der Mensch von seiner Natur entfernen. Es gibt nicht das sogenannte ›GUTE‹ oder ›BÖSE‹ (*links* oder *rechts*) in der Menschenwelt; es gibt nur ›**das Kulturelle**‹, das sich in zwei diametral gegensätzliche Richtungen entwickeln kann, je nach Grad der kulturell erfahrenen Fremdbestimmung: in eine **kulturgestresste** oder **kulturkompetente Gefühlswelt**. - Dr. Julia Shaw, Kriminalpsychologin, Bestsellerautorin und Referentin an der UCL, stellt ihren Studierenden zum Einstieg in das Thema ›Woher kommt DAS BÖSE in der Welt?‹ gern folgende Frage: »**Wenn Sie in der Zeit zurück reisen könnten, würden Sie das Baby Adolf Hitler töten?**«. Man kann kein Baby töten um Terroristen von morgen zu verhindern; man kann nur die Kulturlandschaft verändern und in eine **schmerz- und stressbefreite Zone für alle** verwandeln (monetär UND religiös), um jeder Form von Empathie-Verminderung in der Welt den Ausgangspunkt für eine spätere **emotionale Störung** zu nehmen, auf der sie baut (damals wie heute). »Wenn man weniger Verbrecher hat, wird die Welt besser«, sagt Dr. Shaw. IRRTUM (bzw. Halbwahrheit): die Welt wird erst dann ›besser‹ (und keine Verbrecher mehr IN SICH SELBST produzieren), wenn kulturelle Ungleichheiten (egal ob in Sachen ›Gott‹ oder ›Geld‹) keine Rolle mehr spielen und ein **Gefühlszustand allgemeiner Zufriedenheit** in der Menschenwelt herrscht (*Mission impossible* im Zeitalter der Abschottung, des zwanghaften Wirtschaftswachstums und der traditionellen Glaubenslehre: unterschiedlich je nach Geburtsland und Sachbuch-Grundlage). - Bestand das (deutsche) Volk denn zur Zeit des **Nationalsozialismus** (keine 80 Jahre in der Geschichte zurück!), nur aus *Psychopathen* weit und breit, oder eher aus einer Horde tief-kulturgestresster Katholiken in einer Wirtschaftskrise mit dem Ziel vor Augen, die Welt *besser* machen zu wollen - und wo genau liegt der Unterschied zwischen beiden (**Nazis und Psychopathen**)? - Antwort erbeten: dem Autor dieses Werks will sich KEIN Unterschied erschließen, wie auch nicht der Unterschied zwischen *gut* und *böse* allgemein, wo es doch nur ›DAS KULTURELLE‹ gibt, unterschiedlich ausgeprägt. Hitler ist wiederholbar (!), bleibt die Welt auf ihrem traditionell *kulturgemeinen* Kurs im Namen von Wirtschaft und Religion.

Wenn ein Gebäude brennt (Stichwort: *Notre Dame*) weint die ganze Welt und SOFORT fließen hunderte Millionen Euro an Spendengeldern für den Wiederaufbau; mittlerweile ist bereits von einer Milliarde (!) die Rede. Das *One World Trade Center* in New York trägt zur Stunde sogar die französische ›Tricolore‹ als Zeichen der Anteilnahme. Sinkt jedoch ein Boot und hinterlässt der Welt 38 Flüchtlingsleichen im Mittelmeer, wechseln die Menschen gewöhnlich den Kanal von den Nachrichten direkt zu *Shopping Queen*. Das Einzige, was zur Stunde noch fehlt, um dem derzeit im Westen allgegenwärtigen **Tiefstand der Empathie** für die eigene Art die sprichwörtliche ›Krone‹ aufzusetzen, ist ein türkis-blauer Regierungsbeschluss zur jährlichen Schweigeminute in Memoriam an Notre Dame. Kommt Zeit, kommt Rat. - Wenn das Mitgefühl für ein Gotteshaus in Flammen in einer Gesellschaft GRÖßER ist, als das Mitgefühl für Menschen auf einem sinkenden Boot, dann sind die ›Grenzen der Irrationalität‹ im Westen kulturell nach oben hin offen! - Wären Flüchtlinge keine Wesen aus Fleisch und Blut, sondern kleine katholische Gotteshäuser aus Stock und Stein, Matteo Salvini (wie jeder andere Politiker aus dem *rechten* Lager) würde eher das Mittelmeer abpumpen lassen, als zu riskieren, dass auch nur EINE der heiligen Kostbarkeiten am Wasserweg nach Europa vor der eigenen Haustür untergehen und absaufen könnte. - Diese Schmerzen.

»**Erkennt das Offensichtliche, begreift, dass wir alle zur gleichen Familie der Menschen gehören**« (Dalai Lama). Solange dies NICHT geschieht, solange werden im Westen nur die Finanzen, rechte Politik und Empathie-Verlust weiter wachsen – mit welchen Folgen auch immer. - In der Wissenschaft gilt es mittlerweile als (so gut wie) bewiesen, dass **stressfördernde Umweltbedingungen** und Einflussfaktoren (egal ob Zeit- oder Geldnot, Halbmonde im Land der Dome, etc.) eine **hemmende Wirkung** haben in Sachen ›Empathie‹. Der Empathieforschung zufolge, steigt und fällt die Fähigkeit, sich in andere Personen einfühlen zu können, in Korrelation zum Grad der empfundenen Lebenszufriedenheit des Individuums. »Angesichts der Tatsache, dass der Lebens- und Arbeitsalltag von immer mehr Menschen als *Dauerstress* empfunden wird«, schreibt Dr. Fathi von der Akademie für Empathie, »**mag der allgemeine Rückgang der Empathiefähigkeit nicht verwundern**«. Je härter die Zeit, desto größer die Unzufriedenheit, desto geringer die Empathiefähigkeit und stärker der demokratische Zuspruch zum politisch rechten Lager. Oder kurz gesagt: **je härter die Zeit, desto schwächer das Mitleid** (DAS PERFEKTE VERBRECHEN und Gesetz der Stunde in der westlichen Welt). - Jede Stimme zur Stärkung rechter Politik ist Ausdruck der *negativen Welterfahrung* eines Individuums, und ist immer eine kulturgestresste Wählerstimme ›zu viel‹ in der Welt.

Derzeit rücken weltweit immer mehr Staaten politisch nach *rechts*; sie alle zeugen von einem ›**Vorgang der Dehumanisierung**‹, wie Konrad Lorenz es bezeichnete, wenn sich der Mensch als Folge eines Konflikts zwischen seiner biologischen Natur (Stichwort: Freiheit) und den von seiner sozialen Umwelt *aufgezwungenen* Verhaltensweisen (Stichwort: 12-Stunden-Tag) immer weiter von seiner ›Menschlichkeit‹ entfernt.[35] Die **Beschleunigung aller gesellschaftlichen Prozesse** ortete Lorenz schon in den frühen 1970er Jahren als *Bedrohung* für den sozialen Zusammenhalt der Menschheit; am Trend zum politischen Rechtsruck zeigt sich heute die Gültigkeit seiner Thesen in die Gegenwart übersetzt, sowie die Negativwirkung der schnelllebigen und immer druckintensiveren, neuen Arbeitswelt auf die Gefühlswelt und die Empathiefähigkeit des Individuums und Kollektivs.

Auch der Holocaust hat damals nicht *zufällig* im Nachzug einer ›Weltwirtschaftskrise‹ seine Schatten über die Menschheit geworfen. STRESSERFAHRUNGEN und HARTE ZEITEN tragen nie gesellschaftliche *Früchte der Nächstenliebe*; sie suchen ein Ventil zur Druckentlastung (und Selbstwertstärkung) und sind immer Vorboten für *dunkle* Perioden der Geschichte. In einer Gesellschaft bestehend aus glücklichen und zufrie-

---

[35] vgl.: Lorenz, Konrad: Die acht Todsünden der zivilisierten Menschheit. 34. Aufl. München: Piper, 2009.

denen Individuen hätte der Holocaust NIE und NIRGENDWO auf Erden auf fruchtbaren Boden stoßen können: in einer Gesellschaft bestehend aus zweifach kulturgestressten Individuen (ökonomisch UND religiös angespannt) hat er dagegen nur seine logische Bestimmung und seine falschen Freunde gefunden: ›**Tatort: Kultur**‹. Eine kulturgestresste Brut ist gefährlich, weil stets zu ALLEM fähig, sogar zu den *abscheulichsten Verbrechen* an der Menschheit, wie es die Vergangenheit beweist, die Gegenwart es zeigt, und die Zukunft wiederholt bestätigen wird. - Vielleicht nicht mehr in Form von Gaskammern und Deportationslagern (obgleich der Begriff ›Ausreisezentrum‹ - eingeführt in die österreichische Kulturlandschaft als *erste Hassbotschaft* für ankommende Flüchtlinge von FPÖ-Innenminister Kickl - sich semantisch kaum von Begriffen aus der NS-Zeit unterscheidet), doch kulturgestresste Individuen überraschen immer mit neuen (bisher unbekannten) **Wegen der Gewalt** (körperlich und/oder seelisch). - Ob nun Passagierflugzeuge ungebremst in Wolkenkratzer (oder LKWs in Weihnachtsmärkte) rasen, oder ob das Sturmgewehrfeuer plötzlich eröffnet wird am norwegischen Jugendlager (oder im Pariser Nachtclub): den kultursystematisch emotional überlasteten Kindern Gottes wird auf Erden immer etwas Neues und noch Abscheulicheres einfallen, um ihrer tiefen Lebensunzufriedenheit und dem Kulturstress in ihrer Brust ›publikumswirksam‹

Ausdruck zu verleihen, und die Welt in eine *bessere* verwandeln zu wollen, auf ihre eigene, psychopathische Art der (kulturgemachten) Gewalt.[36]

Grundsätzlich gibt es zwei Arten kultureller Stresserfahrungen: die einfache (*direkte*) und die komplexe (*indirekte*) kulturelle Stresserfahrung. **Einfach kulturgestresste** Individuen sind *eher external* kontrollüberzeugt und können mit kultureller Ungleichheit in der Welt (egal ob in Sachen ›Gott‹ oder ›Geld‹) weder rational noch *empathisch* umgehen. **Komplex kulturgestresste** Individuen sind hingegen *eher internal* kontrollüberzeugt und stören sich NICHT an kultureller Ungleichheit in der Welt (in welcher Form auch immer), weil sie das (für andere nicht greifbare, aber doch) ›Offensichtliche‹ erkennen, und begreifen, dass wir alle **zur gleichen Familie der Menschen** gehören (das letztlich EINZIGE Fundament für ein ›besseres‹ Morgen). Komplex kulturgestresste Individuen sind naturgemäß *empathischer* und kulturkompetenter als einfach kulturgestresste Individuen.

---

[36] Anm.: Katholiken sollten den Islam nicht als *gefährlicher* erachten und SICH bzw. *ihren* Glauben heute als im Vergleich *moralisch erhaben* empfinden. Wenn man alle Verbrechen an der Menschheit aus Christenhand aufsummiert, dann haben Anhänger des Islam noch **tausende 9/11s frei**, um historisch und mengenmäßig in Sachen ›Unmenschlichkeit‹ mit dem Christentum gleichzuziehen. Das soll KEIN Aufruf zum Terror sein, sondern nur eine Anregung zum Nachdenken! »**So glaube ich**«, schrieb Hitler in *mein Kampf*, »**heute im Sinne des allmächtigen Schöpfers zu handeln: indem ich mich des Juden erwehre, kämpfe ich für das Werk des Herrn**«. - Heilige Kulturstresskultur!

Einfacher Kulturstress führt zu Unzufriedenheit, die im demokratischen Zuspruch zum politisch *rechten* Lager am ehesten Linderung findet (zumindest temporär). - **Komplexer Kulturstress** führt ebenfalls zu Unzufriedenheit, bedingt durch die eklatante Empathielosigkeit in Namensgebern (und Befürwortern) von ›Ausreisezentren‹, und wurzelt im Regelfall im demokratischen Zuspruch zum politisch *linken* Lager. Etwas eint die westliche Gesellschaft, und ›das‹ ist eine latente Unzufriedenheit (siehe Kapitel *Die Freiheit der Wahl*): sie spaltet die Gesellschaft in zwei Lager und ist (laut *World Inequality Report*) der Grundstein für mögliche politische, wirtschaftliche und soziale Katastrophen von morgen! - ›Ungleichheit‹ ist das drängendste soziale Problem unserer Zeit: egal ob ökonomischer oder religiöser Natur (oder anderer). Aus Sicht der Natur sind alle Menschen GLEICH; aus Sicht der Kultur sind sogar *Kopftücher* im Kindergarten mitunter problematisch (falsch und schlecht): siehe Österreich seit Angelobung von Türkis-Blau.

Anders, als diverse Soziologen und Zukunftsforscher es in diversen ›Bestsellern‹ derzeit propagieren, die behaupten, es ginge uns **nie besser als heute**, ist das Aufflammen jeder Form von Nationalismus in der Welt immer ein Zeichen für ein zunehmend kulturgestresstes Volk, und wie verzweifelt es zu einem Zeitpunkt der Geschichte nach mehr Lebenszufriedenheit sucht. Es in Abschottung, stärkerer Grenzsicherung und höheren Mauern rund um ein Land zu vermuten (bzw. erreichen zu wollen), wie es das rechte Lager dem Volk (speziell in Wahlkampfzeiten) verspricht, entbehrt jeder Grundlage der Vernunft, ist absurd, geistlos und gefährlich; ist aber das ideologische ›Futter‹ jeder westlichen Demokratie zum Zeitpunkt jetzt.[37] Es trägt den Namen ›EQ: NULL‹ (Übersetzung: **emotionale Intelligenzlosigkeit**) und ist die faule Frucht einer kulturüberforderten und traditionell kulturverschmutzten Welt (damals wie heute).

---

[37] FRAGE: Wozu gibt es auf Erden überhaupt Staaten, Grenzen, Zollwachebeamte, Asylbehörden und Entscheider? Ein Fisch kann das Meer auch frei durchqueren und leben wo er will. Sollten jemals Aliens auf der Oberfläche dieser Welt landen, wird es (abgesehen von sprachlichen Barrieren) schwierig (bis unmöglich), ihnen begreiflich zu machen, warum sie einen Reisepass, ein Visum (und Geld) benötigen, um sich auf diesem Planeten überhaupt fortbewegen zu dürfen. GRENZEN sind (wie Gott und Geld) die wahrscheinlich im gesamten Universum einzigartige (und absurde) Erfindung einer Spezies, sowie Möglichkeiten, sich von der eigenen Art zu distanzieren (oder Notwendigkeiten, die eigene Art auf Abstand zu halten). Die Erde besteht heute (zumindest aus Menschensicht) aus ca. **193 verschiedenen Staaten (+/-)**, und aus ebenso vielen nationalen Grenzen zu Boden, Wasser und Luft, obgleich sie in Wahrheit tatsächlich nur eines ist: **ein blauer Punkt im unendlichen Nichts** (*mehr* weiß man nicht und wird man wahrscheinlich auch nie wissen). Immerhin weiß man mittlerweile, dass sie KEINE SCHEIBE ist, doch hat auch dieser Erkenntnisgewinn in Glaubensfragen KEINEN Paradigmenwechsel und die Menschheit KEINEN Schritt weiter gebracht, auf der Suche nach Antworten zu ihrem Ursprung: bis heute liegt die Antwort in GOTT (bzw. im Glauben). Die Erde ist und bleibt damit, was sie ist: **ein Wunderwerk aus Gotteshand mit regionselastischer Terrorgefahr** und eingeschränkter Bewegungsfreiheit für alle Lebewesen der Gattung ›Mensch‹, die darauf leben, arbeiten und beten. BESSER kann man Aliens das Wesen der Menschenwelt in einem Satz wahrscheinlich nicht erklären, obgleich es schmerzt.

Wir sind die Sklaven unserer Zeit und die Opfer unserer Kultur (damals wie heute), nur mit mehr Geld und mehr Waffen im Umlauf als früher, um unsere (konstant *utopische*) Freiheit verteidigen zu können. Auch die Götter sind die gleichen geblieben in Zeiten des Wohlstands. Wie hat sich die Gesellschaft also weiterentwickelt vom Holocaust bis heute? Abgesehen flacherer TV-Geräte und schnellerer Autos, wird die Menschheit von exakt DENSELBEN ›kulturellen Geistern‹ gejagt und gequält, wie immer schon: von **Gott und Geld**, und ihrer traditionellen Ungleichheit in der Welt. Ein Problem, eine Antwort: TERROR (gestern, heute und morgen). - Wenn Sie in der Zeit zurück reisen könnten, liebe Leser*innen, würden Sie das Baby Adolf Hitler töten? - ACHTUNG: egal ob ja oder nein, ›das Kulturelle‹ wird immer eine Art **Brutkasten für Empathie-Verminderung** in der Menschenwelt sein; es ist nur eine *Frage der Zeit* (und wie *hart* sie war, ist oder noch werden wird).[38] Eine Zeitreise trägt vielleicht nur dann echte ›Früchte des Friedens‹ auf Erden, wenn jemand den Meteorit aufhält, der die Dinosaurier ausradierte, und damit erst Platz schuf für eine Entwicklung vom Einzeller zum Nazi (die Sternstunde der Evolution).

---

[38] Anm.: Hitler war nicht *geistig* unzurechnungsfähig, sondern *kulturell.* Wenn heute jemand zufrieden auf einer Wolke im Himmel sitzt (aus seiner Sicht), dann wird es Hitler sein, umgeben von seinen ideologischen Zeitgenossen, die nur ihre Heimat von den kulturellen Stressoren der Zeit säubern wollten, im Auftrag (ihres lieben) Gottes.

Auf der Suche nach fremden Zivilisationen kann sich die Menschheit nur dann NICHT vor einer außerirdischen Intelligenz (sofern vorhanden) blamieren, wenn sie **unbemannte Raumschiffe** ins All entsendet und einer künstlichen Intelligenz es überlässt, Aliens das Wesen des Homo Sapiens und seine Geschichte zu präsentieren bzw. nachzuerzählen. - Allein die Vorstellung, Astronaut*innen könnten eines Tages versuchen, einer außerirdischen Spezies zu erklären, warum der Mensch, die angeblich höchstentwickelte Lebensform auf (Gottes) Erden, keine 80 Jahre in der Geschichte zurück, Konzentrationslager errichtet und seinesgleichen millionenfach hingerichtet hat, jedoch nicht zu Nahrungszwecken, sondern nur zu **kulturemotionalen Entlastungszwecken**, ist schon peinlich genug und in Sachen ›Dummheit‹ nicht zu übertreffen! - Erst wenn die Menschheit es schafft, die eigene Art nicht mehr gegeneinander aufzuhetzen (im Namen von Gott und Geld), kann die Welt eine BESSERE werden und kann der Mensch die Peinlichkeit umgehen, bei Präsentation der eigenen Historie seitens eines extraterrestrischen Publikums nur Lachkrämpfe zu ernten. - Bleibt zu hoffen, ein Meteorit löscht die Menschheit NOCH VOR einem möglichen Kontakt zu Außerirdischen aus und lenkt die Evolution zurück auf natürliche Bahnen, sonst läuft die Erde Gefahr, sich eine intergalaktische Reputation einzufangen als Heimat der größten Idioten des Universums.

Das Klima auf dem Planeten ›Erde‹ verändert sich: es wird immer heißer nach außen und immer kälter nach innen, und BEIDES ist letztlich nur einer Affenart am (vorläufigen) Gipfel der Evolution anzulasten, die ohne Rücksicht auf Verluste (menschliche, und andere) nur eines im Leben erreichen will bzw. zu erreichen versucht: einen möglichst hohen Kontostand und anschließend ein möglichst flauschiges Plätzchen im himmlischen Vaterland. Amen.

»Our planet is a lonely speck in the great enveloping cosmic dark«, sagte Carl Sagan (Astronom und Autor) einst und bringt dieses Kapitel damit zu seinem abschließenden Punkt. »In our obscurity - in all this vastness - there is no hint that help will come from elsewhere to save us from ourselves. [...] To my mind, there is perhaps no better demonstration of the folly of human conceits than this distant image of our tiny world. **To me, it underscores our responsibility to deal more kindly and compassionately with one another and to preserve and cherish that pale blue dot, the only home we've ever known**«.[39]

[39] vgl.: Sagan, Carl: Pale Blue Dot: A Vision of the Human Future in Space. 1. Aufl. USA: Random House Inc, 1994.

sieben_

I have a dream (too)

Es war einmal der Traum von einer besseren Welt, zu einer besseren Zeit, bevölkert mit besseren Wesen. In diesem Traum kam auf einem Goldesel **das bedingungslose Grundeinkommen (kurz BGE)** des Weges galoppiert und legte sich alsbald wie ein ›Mantel der Entspannung‹ über Gottes Erden und seine treuen Schäfchen. - Wo zuvor Nobelbezirke an Problembezirke grenzten, wo Milliardäre neben Mindestlohnbeziehern lebten, wo Alarmanlagen für Geldtresore neben Sammelpässen für *Rabattmarken* hausten, und wo die Angst vor Dämmerungseinbrüchen direkt neben der Angst vor ›Toastbrotzeiten‹ wohnte, lag plötzlich der sanfte Duft einer **kulturellen Tiefenentspannung** in der Luft. Die Welt hatte sich verändert (und Gott sah, dass es gut war).

Zum ersten Mal in der Geschichte der Menschheit bot sich den Kindern Gottes die Möglichkeit, sich in eine Gefühlsumgebung der Freiheit, der Gleichheit, der Gerechtigkeit und Zufriedenheit einzufinden, und es kam ihnen so vor, als erlebten sie eine **Ayurveda-Kur auf Kulturbasis**. - In diesem Traum waren alle Menschen GLEICH, jeder war willkommen und NIEMAND musste kämpfen, nicht um sein Leben, nicht um Besitz, nicht um Gerechtigkeit, nicht um Freiheit, nicht um Geld, nicht um Jobs, nicht um Erfolg, nicht um Anerkennung, nicht um Barmherzigkeit, nicht um Mitgefühl, nicht um Respekt, nicht um Asyl, nicht um Almosen, nicht um Aktionsware, nicht um ein Erbe, nicht um die Zukunft. In diesem Traum konnte jeder sein, wie er war und FREI entscheiden, wie er leben wollte. Es war eine Welt, in der man keine Angst haben musste, für Lücken im Lebenslauf mit ›Gemütlichkeitsverdacht‹ und *schiefen* Blicken konfrontiert zu werden. Alle hatten die gleichen Chancen, egal woher sie kamen, egal wer ihre Eltern waren, egal an welchen Gott sie glaubten, egal welches Geschlecht sie hatten (oder begehrten), egal welche Sprache sie sprachen, egal welche Hautfarbe Mutter Natur ihnen gab. Es gab keine Missgunst und keinen Neid in dieser Welt, kein arm und kein reich, kein schwarz und kein weiß, keine Brennpunktschulen und keine Privatschulen mehr. - Alles und jeder war GLEICH und gleich GUT. [TRAUM ENDE]

Nicht nur im Traum, auch in Wirklichkeit wäre mit Einführung des bedingungslosen Grundeinkommens für alle ein großer Schritt getan am Weg Richtung ›bessere Welt‹. Mit dem BGE müsste mit einem Schlag plötzlich niemand mehr **stressresistent und belastbar** sein, wie es insbesondere im Bereich der Privatwirtschaft heute noch so zwingend erforderlich ist: die zwei ›Worte des Schreckens‹ wären einfach aus den Jobinseraten der Moderne verschwunden (sowie aus dem Berufsalltag der Generation Stressresistenz und Belastbarkeit); niemand müsste noch (auf Basis einer utopischen Überstunden-Freiwilligkeit) 12 Stunden täglich am Fließband stehen oder am Schreibtisch sitzen: **der Fünf-Stunden-Tag** (und 15 Urlaubswochen jährlich) müsste sich zwangsläufig vom Schulwesen auf die GESAMTE Arbeitswelt ausweiten, da mit dem Grundeinkommen in der Tasche NIEMAND mehr freiwillig einen sog. ›**All-in-Vertrag**‹ unterzeichnen und freiwillig die ›**Extrameile**‹ gehen würde, um sich freiwillig ins moderne *Überstundengrab* zu legen und alsbald in einer Privatklinik spezialisiert auf **Burn-out-Patienten** zu landen (Stichwort: Trend); niemand müsste sich im Bewerbungsprozess noch als ›Bittsteller‹ empfinden und eine 12monatige Probephase (alias *Befristung* oder Kündigungserleichterung für Arbeitgeber) widerstandslos erdulden, um nicht zu riskieren, das angebotene Überstundenpaket eines Arbeitgebers (und eine soziale Aufstiegsmöglichkeit) wieder zu verlieren. Mit dem Grundeinkommen wären Job-Anbieter und Bewerber*innen erstmals in der Geschichte der Welt **Verhandlungspartner auf Augenhöhe**, statt eine unterwürfige Seite mit Existenzängsten und eine machtvolle Seite mit ewigen Personalbudgetsorgen (und Wachstumsneurosen). - Mit dem Grundeinkommen müsste außerdem plötzlich niemand mehr verbissen Lotto spielen oder ehestmöglich in die **Berufsunfähigkeitspension** drängen (Stichwort: Trend), da die finanziellen Zukunftsängste (die heute nahezu jedermann hat) ohnehin verflogen wären: mit dem BGE würde man schließlich auch OHNE Job und sogar im hohen Alter NICHT verhungern müssen, ganz automatisch nicht (Stichwort: **Ende der Altersarmut**). - Auch wäre mit Einführung des Grundeinkommens den heute noch so populären Diskontketten die Erfolgsbasis genommen, weil dem einfachen Volk die Möglichkeit geboten, nicht mehr nur dem *kleinsten Preis* nachjagen zu müssen, sondern im Konsum auch nachhaltig, fair und ZUM WOHLE ALLER (Mensch, Tier & Umwelt) handeln zu können, ohne dabei sofort ins sprichwörtliche ›Minus‹ zu rutschen; mit dem BGE müsste außerdem niemand mehr eine Bank ausrauben oder eine Milliardärstochter entführen, um sein Recht auf Wohlstand mittels ›Lösegeld‹ von der Menschenwelt einzufordern; niemand müsste noch eine alte Dame in Graz einfach frech von hinten am Gehsteig niederstoßen, ihr das zarte Goldkettchen vom Halse reißen und panisch davonlaufen (zum nächsten Pfandhaus); niemand müsste noch mittwochabends um 20 Uhr 15 *AKTENZEICHEN XY ...UNGELÖST* auf ZDF verfolgen und in Schockstarre verfallen im Sog der schrecklichen Fernsehbilder von den finsteren Figuren mit Sturmhauben und südländischem Akzent, weil sich die immer-gleichen Kriminalfälle (die barbarischen Bulgaren im brutalen Bargeldrausch) plötzlich ›von selbst‹ gelöst und erledigt hätten (*AKTENZEICHEN XY ...ERLEDIGT:* man gebe der Menschheit bedingungslos Geldsegen und ein monetärer ›Kulturstress‹ werde sich legen); keine Mutter müsste noch ihr Kind (nur drei Tage nach der Geburt) zur Adoption freigeben, und sich drei Jahrzehnte später von einem deutschen Kamerateam auf der tränenreichen Suche nach dem verlorenen Kind rund um die weite Welt begleiten lassen, für dessen Versorgung ›das Kapital‹ damals einfach nicht reichte (*JULIA LEISCHIK SUCHT* niemanden mehr um 19 Uhr 10 auf SAT1 in Zeiten des BGE); niemand müsste noch einen Fernsehbeitrag für ORF1 *HEUTE IN ÖSTERREICH* redaktionell gestalten, über das Grauen einer weiteren **Bankomat-Sprengung** im Land (»Bumm hat es gemacht«, schilderte der fassungslose Bezirksinspektor dem ORF die Situation, denn schon wieder ward ein Geldautomat im Land explodiert, und wieder stand die Menschheit vor den Trümmern eines schier unerklärlichen Phänomens);

niemand müsste sich noch das schwere finanzielle Leiden von der Seele schreiben (Stichwort: Nazar), es in gewaltgeballte Lieder verpacken (über das harte Leben als ›Kanaken‹) und mit melodischen Gewaltparolen zu einem Vorbild für Generationen werden; niemand müsste noch (unter professioneller Anleitung eines Naturheilpraktikers im pädagogischen Sitzkreis) ein hochpreisiges **Waldbad** nehmen (oder direkt im sog. ›**Auszeithof**‹ einchecken - vormals ›Urlaub am Bauernhof‹) und die heilbringende Aura der Natur einsaugen, um den beruflichen Dauerstress der All-in-Moderne auszublenden und wieder zur **biophilen Natur** seiner Selbst finden zu können; niemand müsste noch einen monatlichen ›Kontrolltermin‹ (alias ›**Faulheitscheck**‹) am Arbeitsamt seines Vertrauens still über sich ergehen lassen und einem staatlich geprüften ›Gemütlichkeitsaustreiber‹ monatlich bestätigen, wie *nutzlos* man ist, weil mit Einführung des Grundeinkommens für alle, jedes Jobcenter auf Erden zu Asche und Staub zerfallen würde (!) und ein **Staatsapparat der systematischen Menschenverachtung** endlich von der Oberfläche dieser Welt verschwunden wäre. - »**148.524 Verdachtsfälle von Sozialbetrug**«,[40] wie es die Bundesagentur für Arbeit in Deutschland für 2017 meldete, wären wahr-

---

[40] vgl.: *Im Mercedes zum Jobcenter Duisburg – Sozialbetrug alarmiert Minister:* Online-Artikel von J. Rüdiger vom 7. Sept. 2018.

scheinlich NIEMALS geschehen, wie auch alle weiteren, geldbedingten Grausamkeiten und Unmenschlichkeiten mit einem Schlag aus dem kulturgestressten Zeitgeist dieser Welt GESTRICHEN wären. Mit Einführung des Grundeinkommens für alle bräuchte KEIN Sozialstaat mehr kostspielige Gesellschaftsstudien in Auftrag geben, um Antworten darauf zu finden, warum **organisierter Leistungsbetrug** heute ein (angeblich) neues Phänomen im Westen ist, wo sich doch ohnehin nahezu jeder Missstand in diesen Breitengraden der Welt auf den Faktor ›GELD‹ in Kombination mit dem Faktor ›UNGLEICHHEIT‹ zurückführen lässt (siehe Kapitel *Die geldgemeine Welt*).[41]

---

[41] Anm.: **SOZIALBETRUG** hat VIELE Gesichter in der westlichen Welt; es ist KEIN Randgruppenphänomen und nur kriminelles Mittel der sozial Schwachen, um sich über spärliche Zeiten zu retten. Vom Spitzenverdiener in Großmutters Sozialwohnung (Stichwort: geerbte Mini-Miete), zum Ex-Finanzminister mit Geheimkonten im insularen Nirgendwo, zum milliardenschweren Großkonzern mit Hauptwohnsitz im Steuerflachland, zum Immobilienbesitzer mit 10 zahlenden Flüchtlingen auf fünf Meter Quadrat, zum Frührentner mit erfolgreich vorgetäuschtem Psycholeiden, zum Doktor (med) mit frei erfundenen Operationslisten, zum Zahnarzt mit Krone-Kunden OHNE Rechnung, zum Kfz-Meister mit ***verdächtigen*** Klopf-Geräuschen aus der Werkstatt sogar am Tag des Herrn, zum FPÖ-Politiker mit telefonischen Staatsbürgerschaftsangeboten gegen Bares, versteht sich, bis hin zum ehrwürdigen Herrn Bischof mit verdächtigen Zahlungsflüssen in Richtung Ehefrau. **»GELD MACHT DIEBE«**, allerorts und überall, MEHR als JEDE Statistik und JEDE Gesellschaftsstudie es JEMALS erfassen können wird! 148.524 Fälle von Sozialbetrug sind nur **die sichtbare Spitze** eines Eisbergs gigantischer Dimension UNTERHALB der Oberfläche (Stichwort: Wahrheitsproblem). Die Geschichte des Kapitalismus IST die Geschichte des Sozialbetrugs! **Gelernte (ökonomische) Hilflosigkeit** führt IMMER zu **hilf-dir-selbst-Strategien** in der Bevölkerung (wie auch zu einer wir-

Es war einmal der Traum von einer besseren Welt. In diesem Traum kam auf einem Goldesel sitzend das BGE galoppiert, bis es *frontal* an eine Mauer prallte und in der traurigen Wirklichkeit erwachte: im **21. Jahrhundert der Ungleichheit** nach Christus.

---

zuerst-Politik)! Wer KANN, der greift in den ›Topf der Selbstbereicherung‹ im traditionell westlichen Kampf gegen Fremdbestimmung und Kontrollverlust (alias **Kulturstress**). Wer sich erwischen lässt, ist dann das sogenannte ›**schwarze Schaf**‹ (bzw. ›**der Einzelfall**‹) unter einer Horde scheinheilig WEIßER Lämmer (die sich bei JEDER Gelegenheit gleichermaßen am Sozialstaat bereichern). Sozialhilfeempfänger beziehen Steuergeld wenigstens offiziell ohne Leistung und stehen daher direkt unter Generalverdacht, obgleich nicht sie, sondern Politiker aus dem **rechten Lager** es sind, für die er IMMER ZUERST gelten sollte: je kulturgestresster ein Individuum, desto kreativer und flinker der verbotene hilf-dir-selbst-Finger! Der Kapitalismus setzt der Menschheit (wie die Kirche) unmögliche Verhaltensschranken vor, den der moderne Mensch (dank seines kulturgestressten Wesens) nicht zu queren, NICHT in der Lage ist. So entstehen nach außen Wohlstandsgesellschaften mit schönsten Bilanzen, innerlich jedoch durchzogen von Korruption, Geheimkonten, Scheinhonoraren, Vetternwirtschaft, Schwarzarbeit, Lug, Trug und Täuschung. - Um der TATSÄCHLICHEN Dimension der ›**Schattenwirtschaft**‹ im Westen auch nur annähernd realitätsnahe auf die Spur zu kommen, müsste der Fiskus vom Kleinbetrieb bis zum Großkonzern, vom EPU bis zum Politiker, vom Häuslebauer bis zur Friseurin ums Eck, ausnahmslos JEDERMANN ein behördliches Kontrollorgan 24/7 an die Seite stellen! Solange dies nicht geschieht, solange wird der westliche Mensch auch weiterhin JEDE Gelegenheit nutzen, um den Fiskus zu blenden und sich möglichst SELBST am System zu bereichern (im Kampf gegen kultursystematische Gemeinheiten und Stressoren). **NACHTRAG MAI 2020:** »Es gibt leider eine gewisse Zahl an schwarzen Schafen«, sagte Finanzminister Blümel (ÖVP), »die sich auf Kosten der Allgemeinheit in der Krise ein Körberlgeld machen wollen; und das finde ich nicht in Ordnung«. **460 angezeigte Betriebe** aufgrund Missbrauchs der sogenannten ›Corona-Kurzarbeit‹ (Stichwort: gefälschte Zeitaufzeichnungen) innerhalb von drei Wochen nach Kontrollbeginn, ist keine gewisse Zahl, sondern nur eine Schneeflocke am sichtbaren Eisberg einer **Betrugskultur** (alias Einzelfallgesellschaft).

At least, I had a dream. Es war der Traum von einem geld- und kulturentspannten Volk in einem friedvollen Zustand **bedingungsloser Freiheit für alle**. Hätte der Mensch statt alle zwei Kilometer ein katholisches Gotteshaus (aus rot-weiß-roter Sicht, das weltweit EINZIG auf dem Fundament der Wahrheit erbaute) eine Geldfabrik mit freiem Zugang FÜR ALLE errichtet (unabhängig von Herkunft, Hautfarbe, Alter, Geschlecht und Religion), es wäre der Zufriedenheit der Völker wie auch dem Weltfrieden allgemein signifikant dienlicher gewesen. - FEINDBILDER im Kopf können nur in einem ›Ungleichland‹ entstehen und auch nur dort Wurzeln schlagen und Früchte tragen: ein anderer Gott (als der gelernte) kann NIE RICHTIG, und weniger Geld in der Tasche als der eigene Nachbar kann NIE GERECHT sein. - Immer wird (und MUSS) es in einer Kulturlandschaft dieser Art Unzufriedenheit, soziale Spannungen und Konflikte geben (Stichwort: **Kulturstress**). Wenn man bedenkt, dass sowohl Gott als auch Geld in der Natur KEINE ROLLE spielen und einzig der Mensch betet und bezahlt, hat sich der Mensch seinen Erzfeind auf Erden im Grunde SELBST erschaffen: sich selbst bzw. seine Geld- und Gott-Kultur. - »Wir laufen Gefahr, uns aus Gier und Dummheit selbst zu zerstören«, sagte Stephen Hawking einst. Wir laufen Gefahr, uns wegen Gott und Geld selbst zu zerstören, entspricht es den Tatsachen der Welt auf den Punkt gebracht.

Wer über Geld philosophiert kommt nicht umher, sich gleichzeitig auch mit ›Gott‹ befassen zu müssen, zu groß ihre Gemeinsamkeiten und zu ähnlich ihre jeweilige Wirkung auf das menschliche Fühlen, Denken und Handeln. - Gott und Geld sind (wahrscheinlich) nicht nur zwei (exklusiv auf den Planeten ›Erde‹ und die Spezies ›Mensch‹ reduzierte) Einzelfälle im Universum;[42] es sind auch noch die **zwei größten kulturellen Stressoren** in der Menschheitsgeschichte, die den sozialen Zusammenhalt und den Frieden auf Erden bedrohen (auf Makro- und Mikroebene). Gott und Geld laden gleichermaßen dazu ein (individuell und kollektiv), zwischen minder- und hochwertigen Teilen einer Gesellschaft zu differenzieren, in Sachen ›Mitgefühl‹ und ›Menschlichkeit‹ abzubauen und die Waffen gegen die eigene Art zu richten.

---

[42] Anm.: Wahrscheinlich ist der Mensch EINZIGARTIG im Universum; wie oft kann eine zufällige Verkettung kosmologischer Ereignisse schon zu einer Evolution vom Einzeller zum Homo Sapiens führen, bzw. von einer hirnlosen Lebensform zu einem Wesen ohne emotionale Intelligenz, ca. drei Milliarden Jahre später? **Intelligentes Leben** hat die Evolution jedenfalls NICHT hervorgebracht, zumindest nicht an ihrem aktuellen Höhepunkt. Der Mensch ist eher ein ›Unfall‹ als ein Glücksfall der Evolution, sonst würde er heute nicht aus (zumeist) finanziellen Gründen den Planeten ausbeuten, und aus (zumeist) religiösen Gründen die eigene Art mit Bomben und Granaten, Konzentrationslagern und Flugzeugen bewerfen. - Nur in einem **intellektuellen Flachland**, geformt aus Kirchen- und Konzernhand, kann eine Unkultur dieser Art entstanden sein und können Selbstzerstörungskräfte wüten. - Hätte die Erde keine Menschen, sie hätte keine Probleme. Hätten die Dinosaurier überlebt, hätte sich die Sache *von selbst* erledigt, weil der Mensch NIE Oberbefehlshaber über den Planeten, sondern nur laufendes Fleischbällchen für Dinosaurier werden können.

»IN GOD WE TRUST«, steht es in Großbuchstaben auf US-Dollarnoten gedruckt geschrieben: ENGER kann das Naheverhältnis zwischen Gott und Geld auf Erden wahrscheinlich nicht mehr sein (und ÄHNLICHER ihre emotionale Wirkung auf die Menschheit im Namen der Kultur): wer ohne Gott ist (oder an den *falschen* glaubt), der fährt zur Hölle; wer ohne Geld (und Arbeit) ist, der fährt zum Sozialamt (alias der Hölle auf Erden). In beiden Fällen: Zentren der Angst (im Leben und danach) für minderwertige Teile der Gesellschaft. - Wo Gott und Geld im Geiste tief verankert sind, ist die Landesgrenze (oft auch nur die eigene Grundstücksgrenze) die *emotionale* Trennlinie zwischen Nächstenliebe und Fremdenhass.

Prophetenpluralismus und Kapitalungleichverteilung, die zentralen Errungenschaften von Wirtschaft und Religion (Gott und Geld), sind die ewigen Stresstreiber der Menschheit, die kulturellen Brutkästen für Empathieverminderung in der Welt und die Kulturmotoren für den politisch-ideologischen Rechtsruck des Individuums und des Kollektivs. - In einer Welt OHNE Gott und Geld hätte der Mensch nachweislich zwei Kulturgründe WENIGER auf Erden, sich gegenseitig die Schädel einzuschlagen (bzw. eingeschlagen zu haben oder einschlagen zu wollen): **das kulturentspannte-Welt-Syndrom**.

I have a dream.

*acht_*

Das Gold von morgen

Aus heutiger Sicht bleiben kommenden Generationen nur wenige reale Möglichkeiten, um die Welt wieder in Sachen ›**Menschlichkeit**‹ reifen zu lassen und die Zukunft des Planeten ›Erde‹ auf einen (neuen) Weg der Vernunft, des Mitgefühls und des sozialen Zusammenhalts umzuleiten:

1 **EIN ›UMDENKEN‹ IN DER WIRTSCHAFT** muss erfolgen in Sachen ›Preisgestaltung‹ und Ort der tatsächlichen Wertschöpfung. In Niedriglohnländern am anderen Ende der Welt (wie Kambodscha oder Bangladesch) billig-möglichst produzieren zu lassen, um Billigprodukte danach möglichst hochpreisig im Westen zu vertreiben, ist wahrscheinlich der größte Irrsinn in der Geschichte der Menschheit, am vorläufigen Höhepunkt des Wahnsinns heute (2019) ange-

kommen. Solange der **Sozialismus** den Kapitalismus NICHT überholt, solange ist jedes Wirtschaftswachstum in dieser Welt nur eine Brücke zur westlichen Selbstbereicherung und ein selbstgefälliger Luftballon am Weg ins Feuer. Die Weltwirtschaft mag ärmsten Regionen der Welt langsam ökonomisch auf die Beine helfen, korrekt; doch wächst die Wirtschaft NICHT um **Armut, Hunger und Ungleichheit** in der Welt zu bekämpfen (wie es sein sollte, um die Welt in eine *bessere* zu verkehren), sondern nur mit dem Ziel, die Reichen im Westen noch reicher zu machen.[43]

---

[43] FRAGE: Wohin möchte die Wirtschaft im Westen eigentlich noch wachsen? Wenn die Multikonzerne immer nur wachsen (und Gewinne schreiben) möchten, gleichzeitig aber immer billiger produzieren müssen, um dieses Ziel auch weiterhin zu erreichen, steht und fällt das System zwangsläufig in der Hoffnung auf **Niedriglohnländer** und **Billigarbeiter**, die stets von dieser Natur bleiben (oder anderswo neu entstehen) müssen: eine **Logik des Untergangs** (dort) im Zeichen des Wachstums (hier). Eines Tages wird sich das Wirtschaftswachstum ZWANGSLÄUFIG ins Gegenteil verkehren müssen, sollte die Welt jemals eine *bessere* werden (und auf lebendig begrabene Arbeiter in eingestürzten Produktionshallen am anderen Ende der Welt verzichten) wollen sollen. KEIN erfolgreicher Unternehmer kann heute auf eine Dienstreise in ein fernöstliches Hinterland verzichten, immer auf der Suche nach Arbeitskräften ohne Schneidezähne und höheren Renditen (siehe ›die Höhle der Löwen‹). **Der niedrigste Preis** bestimmt das Konsumverhalten des Volks und **der niedrigste Lohn** das Führungsverhalten westlicher Unternehmer. Grenzenlose Profitgier und globale Ungleichheitsförderung nennen sich dann ›internationale Entwicklungshilfe‹ und ›globale Wohltäterschaft‹ im Verhaltenskodex der Konzerne (Stichwort: alternative Fakten), die Armut in der Welt brauchen UND nutzen, um weiterhin wachsen zu können: eine Logik der Selbstzerstörung. Sollten Wohlstand und Reichtum tatsächlich jemals weltweit greifen (wonach die Weltwirtschaft angeblich strebt), hat das System ein Problem: KEINE KNECHTSCHAFT mehr zu finden und auszubeuten.

2 DAS ›BEDINGUNGSLOSE GRUNDEINKOMMEN‹ muss eingeführt werden! Worauf wartet die Menschheit denn noch? ›Geld‹ ist schließlich nichts weiter als ein GEISTESWERK der Menschheit in Form von **Ziffern** und **Zahlen** (gedruckt oder digitalisiert): es der Menschheit zu GLEICHEN Teilen zur Verfügung zu stellen (BEDINGUNGSLOS), kann ›unmöglich‹ nicht sein, wäre der Zufriedenheit der Weltbevölkerung (und dem Weltfrieden allgemein) nur dienlich und könnte dem drängendsten Problem unserer Zeit (der Ungleichheit) entgegenwirken (zumindest monetär). Was der Mensch IN EIGENREGIE erfinden konnte (Stichwort: Zahlen), das kann er auch bedingungslos teilen, würde er nur wollen, um Kulturstresserfahrungen des Individuums (auf Geldbasis) bereits im Frühstadium zu ersticken und die Bankomatsprengmeister, die Mauerbauer aus dem politisch rechten Lager und alle weiteren, kultursystematisch später **nur bedingt empathiefähigen** Exemplare der Gattung ›Mensch‹ zu verhindern.[44]

---

[44] Anm.: Harald Badinger, Volkswirtschaftsprofessor und Leiter des Instituts für Internationale Wirtschaft an der WU Wien veröffentlichte im August 2019 einen Online-Blog auf *derstandard.at* zum Thema ›**Bedingungsloses Grundeinkommen für alle? Keine gute Idee**‹. Bereits die Finanzierung sei nahezu UNMÖGLICH, selbst wenn man sich betreffend der Höhe an der aktuellen Armutsgrenze orientierte, schrieb Badinger, entspräche es »mehr als dem österreichischen Bundeshaushalt […] 2019 (89,5 Milliarden Euro) und knapp der Hälfte der gesamten Staatseinnahmen«. – Es folgt ein Gedankenspiel zur Entkräftung der dargestellten Finanzierungsunmöglichkeit aus Expertensicht, basierend auf der (utopischen) Vision einer Welt, in der die intelligenteste

Lebensform (der Mensch) in der Lage ist, Zahlen nicht nur erfinden, sondern auch teilen zu können. **[Gedankenspiel START]**: Jeder Erdenbürger, unabhängig von Herkunft, Hautfarbe, Alter, Geschlecht oder Religion, erhält ab dem Tag der Geburt vom World Money Institute (WMI) monatlich bedingungslos 1.000.000 ›Geld‹ per Überweisung (das neue Menschenrecht). Gleichzeitig kostet alles, was man käuflich erwerben (oder herstellen) kann, vom Hybrid-SUV bis zum Kaugummi, von der Stadtrandvilla bis zum Schokoriegel, von der Segelyacht bis zur Fliegenklatsche für alle Zeiten unveränderliche, fixe 10 ›Geld‹. JEDE Form der Erwerbstätigkeit erfolgt fortan unentgeltlich auf Freiwilligkeitsbasis (statt auf Basis einer Bürgerpflicht). Die Welt wäre verändert: Angebot und Nachfrage würden sich NEU organisieren; die Wirtschaft könnte sich ihre gesellschaftliche Vormachtstellung, ihre Gehaltsverhandlungen und All-in-Verträge sowie alle sinnlosen Jobs in die Haare schmieren, und auch der Sozialstaat bräuchte kein Personal mehr zu schulen im Fach: ›Wie schikaniert man Arbeitslose: die 10 Gebote der Menschenverachtung‹ **[Gedankenspiel ENDE]**. - Natürlich müsste mit Einführung des Grundeinkommens der **Sozialstaat ABGESCHAFFT** werden! Ein Staatsapparat der systematischen Angstförderung und Selbstwertminderung hat schließlich ohnehin NICHTS auf dem Erdboden verloren (und wäre auch nie entstanden, hätte die Menschheit, statt ZAHLEN zu erfinden und NICHT teilen zu wollen, ZUSAMMENHALTEN geübt und gelernt). - Auch wenn der Autor dieses Werks weder Volkswirt noch Finanzexperte ist, sondern nur eine Storchenlieferung von Mutter Natur, so kann er dennoch auf EIN fundiertes Fachwissen zurückgreifen, erworben in jahrzehntelanger Achtsamkeit auf die GEFÜHLSDIMENSION der Spezies Mensch: **mit Honig fängt man Fliegen und mit Geld quält man Menschen** (das wichtigste Wissen der Moderne, das bis heute ALLEN Kapitalisten auf Erden FEHLT)! - Im Unterschied zur Einschätzung eines Wirtschaftswissenschaftlers, der das Grundeinkommen für eine schlechte Idee hält, ist es im Verständnis dieses Werks nicht nur KEINE schlechte Idee, sondern sogar einer der WICHTIGSTEN Schritte am Weg zu einer besseren Welt und besseren Zukunft. Nur in einer **neuen Weltordnung** (ohne Arbeitszwang, ohne Geldsorgen, ohne ökonomische Ungleichheit und politgemachte Volksunzufriedenheit) kann sich eine kulturgestresste in eine allmählich **kulturkompetente Brut** verwandeln, und können Rechtspopulisten (alias die ›Kapitalwächter des Westens‹ und ›Totengräber des Mittelmeers‹) in Regierungsbänken der Welt von morgen verhindert werden. Solange ›Sozialleistungen‹ innerhalb einer Gesellschaft aber die Ge-

3 EIN ENDE DER ›**ALL-IN-VERTRAGSKULTUR**‹ muss kommen, um den Arbeitskräften im digitalen Beschleunigungszeitalter die neu-erforderliche Zeit zu geben, zu erden, in sich selbst zu ruhen und zu einer tatsächlichen **Work-Life-Balance** zu finden. Überstunden müssen zu *Strafstunden* für Arbeitgeber werden, Mittagspausen zu *Dienstzeiten*, und die Arbeitszeit muss insgesamt VERKÜRZT (statt verlängert) werden! ›**Weniger Arbeit für mehr Geld**‹ (statt umgekehrt) muss die Devise lauten, wenn die Welt jemals eine bessere werden und mit kulturentspannten (statt -gestressten) Wesen bevölkert sein möchte. - Was im Zeitalter der Industrialisierung mit Fabrikarbeitern geschah, geschieht heute mit Bildschirmangestellten der Privatwirtschaft: sie durchleben HARTE ZEITEN, arbeiten (in immer längeren Arbeitstagen)

---

fühlsqualität von ALMOSEN für ›Abfälle der Wirtschaft‹ haben, solange wird die Bezeichnung ›Sozialstaat‹ immer nur ein Euphemismus sein für die Wahrheit um die tatsächliche Staatsform: die ›**Finanzdiktatur**‹. - **Das bedingungslose Grundeinkommen für alle? Eine grandiose Idee** im Verständnis dieses Werks, vorausgesetzt man begreift die Welt NICHT als Schauplatz der ökonomischen Ungleichheit (wie Kapitalisten und Zahlenexperten es tun), sondern als Ort der Menschen, an dem sozialer Zusammenhalt herrschen und NIEMAND unter Armut und Hungersnot leiden sollte. - Allein in Österreich, einem der reichsten Länder der Welt, leben derzeit (Stand: 2019) etwa 1,5 Mio. Menschen an oder sogar unterhalb der Armutsgrenze! Die Höhe des Grundeinkommens auch nur beispielhaft an der Armutsgrenze zu bemessen, wie im Blog der Stunde geschehen, ist ein flächendeckender Salzwurf auf die offenen Gesellschaftswunden der Gegenwart, weil würde umgewälzt in die Realität tatsächlich NIEMANDEM helfen, insbesondere nicht den schwächsten Mitgliedern der Gesellschaft (den heute ca. 1,5 Mio. Einzelfällen im reichen Österreich).

immer schneller für immer weniger Geld (befristet), kommen den Anforderungen der Wirtschaft kaum noch hinterher, verbrennen, vereinsamen, verkümmern emotional und werfen Benzodiazepine ein, um leistungsfähig zu bleiben. Früher konnten die Arbeiter*innen wenigstens schlafen, weil sie aus körperlicher Erschöpfung zumeist mühelos ins ›Traumland‹ sinken konnten. Heute fehlt den Angestellten sogar der gesunde Schlaf, weil sich im Kampf mit der täglichen Emailflut die Bilder im Kopf drehen und der Mensch seine **innere Ruhe** und sein **biophiles Selbst** nicht mehr finden kann. - Wenn die Menschheit eine STRESSGESELLSCHAFT von morgen verhindern will, durchzogen von Alltagsdopern und Spielsüchtigen, von Alkoholikern und Drogentoten, von Aussteigern und Auszeithofgästen, von Burn-out Patient*innen und Selbstmördern, dann muss die Arbeitswelt eine nachhaltige ›**Entschleunigung**‹ erfahren (statt immer weitere Digitalisierungsoffensiven und höhere Belastungsgrenzen - wie es heute geschieht, zum Leidwesen der mentalen Volksgesundheit). Der Mensch hat ein Recht auf Freiheit, aber keine Verpflichtung dem Wirtschaftswachstum gegenüber auf Basis *All-in*!

4 EIN ENDE DER ›**RELIGIONSERZIEHUNG**‹ im Bildungswesen muss kommen! Religionsunterricht ist **Privatsache** und hat entweder innerhalb der eigenen vier Wände in Privathaushalten zu erfolgen oder in den Räumlichkeiten der (Millionen) Gotteshäuser, Moscheen und Königreichssäle dieser Welt. Was Eltern ihren Kindern im *Privatumfeld* zum Thema ›das himmlische Vaterland‹ vermitteln, ist uninteressant, irrelevant und belanglos. Ob Eltern ihren Kindern glaubhaft machen wollen (oder nicht), ein Geist hätte eine Jungfrau mit der Frucht Gottes (kontaktlos) befruchtet, ist elterliche Privatsache, ist aber KEINESFALLS Staatsangelegenheit! - Ein Staat hat nicht die Aufgabe, Kinder zu Untertanen einer (auf Basis von Gebeten über den Wolken vermuteten) unsichtbaren Obrigkeit zu erziehen, und jeden **kritischen Geist** (hierzu UND allgemein) schon im frühkindlichen Alter im Keim zu ersticken! - Wer gelernt hat, Gott als Wahrheit zu begreifen, eine der Kernaufgaben des Bildungssystems (!), hat gelernt, geistig NIE TIEFER zu graben, als kulturell vorgeschaufelt (Stichwort: Tradition), wurde **kultursystematisch intellektuell beschnitten**, weil von Tiefgründigkeit und **eigeninitiativer Wahrheitsfindung** frühkindlich ferngehalten (Stichwort: Gehirnwäsche) - und ist später leichte Beute für ›leichte Kost‹ von *jeder* **kulturellen Quelle der Leichtigkeit** (im FPÖ-Wahlkampf, in der TV-Programmwahl, im Diskonter, und anderswo).

RELIGION ist nicht das Opium des Volkes, wie es Karl Marx einst formulierte, der im Glauben eine (für Opiate übliche) *sedierende* Wirkung auf das Gemüt des 'kleinen Mannes' vermutete, verantwortlich für dessen *kampflose* Hinnahme sozialer Missstände (und unmenschlicher Arbeitsbedingungen) zur damaligen Zeit. - Marx zufolge unterwerfen sich Gläubige eher still den (sogar grausamen) Bestimmungen einer Obrigkeit (wie im Religionsunterricht gelernt) als dagegen anzukämpfen, weil schlimme Taten (gemäß Religionslehre) *Süden* sind, und Sünden die Falltüren zur Hölle (die Endstation im Feuerland, in der im Tod zu enden, es zu vermeiden gilt). - IRRTUM. Anders, als Marx es vermutete, ist Religion nicht das (sedierende) Opium, sondern die **Stresspille des Individuums** und das **Kanonenfutter des Kollektivs,** das die Gemüter der Menschen erst richtig zu erhitzen und in ›Kampfmodus‹ zu versetzen vermag. Religion lässt Menschen glauben, im Vergleich zu Andersgläubigen *höherwertig* zu sein (oder fördert Selbstwertkonflikte, bei gefühltem Versagen vor Gott und seinem Regelwerk), und verhindert damit schlimme Taten nicht, sondern verleitet sogar dazu - siehe Holocaust, 9/11, etc. - Wenn *Hitler* und *Bin Laden* etwas gemeinsam haben, abgesehen vom Geschlecht (des Erlösers), dann ist es die **gelernte Anwesenheit eines Gottes** im religionssystematisch tief-kulturgestressten Geist, begleitet von Maßnahmen zum Kulturstressabbau (alias Konzentrationslager, Flugzeuge, etc.).

Statt Religionsunterricht und **pädagogische Verzerrung von Fiktion und Wahrheit** im Klassenzimmer zu betreiben, sollte der Staat heute vielmehr auf ›Arbeitsrecht‹ als verpflichtendes Schulfach ab Schulstufe 1 bauen, um aus befristeten Leiharbeiter*innen mit All-in-Verträgen wenigstens in der Arbeitswelt gestärkte Persönlichkeiten auf Augenhöhe (!) mit den Machthabern der Moderne zu machen. - Wenn sich der Mensch im Privatleben als Untertan einer höheren Instanz über den Wolken betrachten möchte, so möge er dies tun (ist aber weder zielführend noch ratsam); doch ist es NICHT Aufgabe eines Staates, den Lernprozess einer Unterordnung im Volk traditionell zu fördern: NICHT am Arbeitsplatz, NICHT im Gotteshaus und NICHT im Klassenzimmer![45] - Genug gekniet! Kompanie Mensch: aufgestanden!

DIE BIBEL gehört (wie jedes Schriftstück vergleichbarer Natur) in die Romanabteilung und in den Literaturunterricht, aber nicht als ›Zepter der Wahrheit‹ ins Schaufenster einer eigenen Universitäts-Fakultät! Religion IST Privatsache und ein Staat hat sich von ihr in JEDER Hinsicht zu distanzieren (Stichwort: **Gewaltentrennung**)! - Solange ein Staat aber nicht nur im

---

[45] FRAGE: Wer oder was berechtigt Eltern dazu, ihren Kindern Ende Dezember heimlich einen GLITZERBAUM ins Zimmer zu stellen und zu behaupten, »das war Gott«? Fällt den Eltern dieser Welt denn tatsächlich nichts Besseres ein, als sich einen Spaß daraus zu machen, ihren Kindern über Jahre einen sprichwörtlichen ›Floh‹ ins Ohr zu setzen, bis DIE BOMBE schließlich platzt und sich eines Tages sogar die engsten Vertrauten als ›**Quellen der Täuschung**‹ offenbaren. Wer erinnert sich nicht an den schmerzhaften TAG DER WAHRHEIT in späten Kinderjahren, als sich plötzlich zeigte, wer das Christkind wirklich ist? - Der Schmerz um die Wahrheit wiegt in jedem Fall GERINGER als der Schmerz um das Wissen über den **jahrelangen Betrug der Eltern am eigenen Kind** im traditionellen Auftrag der Kirche.

Schulwesen die Glaubensvermittlung fördert (mittels Religionsstunden und Religionslehrern), sondern ein Staat die (katholische) Kirche sogar im Bereich der GESETZGEBUNG (Stichwort: **Kirchenbeitragsordnung**, kurz KBO) aktiv dabei unterstützt, der Bevölkerung per Gesetzeskraft ›Mitgliedsbeiträge‹ aus der Tasche zu ziehen - auf Basis von **Wassertropfen** auf der Stirn schlafender Säuglinge; eine in der KBO mit KEINEM WORT erwähnte, aber gelebte Form der legalen Mitgliederbeschaffung im 21. Jahrhundert (!) - solange ist und bleibt jeder Staat dieser Art als unzurechnungsfähig und potentiell gefährlich einzustufen.[46]

---

[46] Anm.: Die Kirchenbeitragsordnung (KBO) in der derzeit geltenden Fassung gibt Grund zur Einbringung einer KLAGE gegen die Republik Österreich bzw. den Gesetzgeber, aufgrund der im Gesetzestext **gezielten Unterschlagung** jeglicher Informationen zum **Prozess der Mitgliedswerdung**. Hat man als rechtsgültiges und beitragspflichtiges Mitglied einer Glaubensgemeinschaft nicht das Recht, im entsprechenden Gesetzestext auch nachlesen zu dürfen, AUF WELCHEM WEGE diese Rechtsgültigkeit in Kraft getreten ist, während man (als Säugling) schlief (Stichwort: TAUFE)? Dass einzig ein magischer Wassertropfen auf der Stirn eines schlafenden Säuglings aus Priesterhand eine rechtsverbindliche Mitgliedschaft (und eine Zahlungspflicht, die automatisch mit der Tag der Volljährigkeit - im Regelfall 18 Jahre später - beginnt) begründen kann, ist natürlich SCHWER in ein Gesetz zu gießen, weshalb der Rechtsstaat den Prozess auch mit KEINEM EINZIGEN WORT würdigt, in der Hoffnung, dass niemand die **Lücke im Gesetzestext** (bzw. das **gezielte Auslassen der Wahrheit**) bemerken wird. - Wenn der Mensch weder volljährig sein noch JEMALS eine Unterschrift zur Begründung einer beitragspflichtigen Mitgliedschaft leisten muss, dann ist ein Rechtsstaat von einem ›**Wunderland**‹ NICHT zu unterscheiden! - Jurist*innen mit Lust auf (und Mut zur) Einbringung einer derartigen Klage GEGEN die Republik wenden sich zur Abstimmung eines ersten Besprechungstermins jederzeit an office@fuchsfeuer.at.

5 EINE **VERWANDLUNG DES MEDIUMS ›TV‹** muss erfolgen von einem werbefinanzierten **Instrument der Volksverblödung** (heute) zu einem Bildungsinstrument ohne Werbevergewaltigung im 15-Minuten-Takt und ohne High Society-Reportagen in Dauerschleife. - Das Medium ›Fernsehen‹ hat Potential zu einem Wissensvermittler höchster Qualität aufzusteigen, würde die Menschheit die unendlich kreativen Möglichkeiten des Mediums endlich zum Zwecke der **Volksbildung** nutzen, statt als ›Schaufenster der Volkstäuschung‹ (Stichwort: Werbung) und als ›Sprungbrett der Leichtigkeit‹ in die seichten Gewässer der *Dancing Stars* und *Shopping Queens*. - Arte, ZDFinfo und 3sat zeigen (zumindest der deutschsprachigen Welt) schon heute wie Fernsehen von morgen funktionieren und was es zur Volksbildung tatsächlich beitragen könnte: auf Sendeplatz 256-258 (wie von Kabelbetreibern in der Basisversion heute zumeist *final* vorinstalliert) eher wenig. Warum *Bibel-TV* heute auch nur die reichweitenarmen Plätze im hinteren Tal der TV-Bedeutungslosigkeit belegen darf, bleibt ungeklärt, angesichts der derzeit etwa 5 Mio. (!) euphorischen Kirchenbeitragszahler im Land der Dome. Gemessen an den Mitgliederzahlen müsste die Rundfunkwelt eigentlich exklusiv auf *Bibel-TV* bauen; doch spiegelt sich die unendliche Gottesliebe des religiösen Kollektivs NICHT im Fernsehverhalten, denn dort regiert (u.a.) der ›Dschungelkönig‹.

6 **EIN UMDENKEN IN SACHEN ›ERNÄHRUNG‹** muss erfolgen, speziell im **FLEISCHKONSUM**. - Schlimm genug, dass der moderne Mensch immer weniger zu Mitgefühl und Respekt im Umgang mit der *eigenen* Art fähig ist (Stichwort: Ausreisezentren); in seinem maßlosen Fleischhunger zeigt sich erst das volle Ausmaß seiner **Respekt- und Gefühllosigkeit** den Lebewesen auf Erden allgemein gegenüber. - Um sich selbst die **Angst vor dem Tod** zu nehmen und allein den Gedanken daran ertragen zu können, hat sich der Mensch in jahrtausendelanger Kleinarbeit (von Christi Geburt bis heute) ein imaginäres Königreich über den Wolken ausgemalt, kniet im Gottesdienst mit gefalteten Händen und fleht einen Himmelsvater um einen Platz im ›Luftschloss der Ewigkeit‹ an; gleichzeitig stopft er sich zu Lebzeiten aber tagtäglich mit Fleisch- und Wurstwaren aller Art den Magen voll, ohne dabei auch nur einen Gedanken an den (der Mahlzeit vorangestellten) Tötungsakt eines Tieres zu bemühen. SELBST mit dem Tod konfrontiert (im eigenen Familienkreis) zittern die menschlichen Knie, fließen die Tränen der Verzweiflung und wackeln **die Rosenkränze der Angst** (im Kampf gegen Kontrollverlust); das tägliche Stück Fleisch am Teller vermag jedoch KEINE inneren Konflikte mit einem Lebensende und KEINE Kirchgänge auszulösen, sondern bringt Freude auf und hat Tradition - im Namen des Vaters, des Sohnes und Heiligen Geistes.

Die Tatsache, dass eine fleischlose Kost heute **die große Ausnahme** (statt die Regel) am Speiseplan des modernen Menschen ist (und die Fleischwirtschaft zu einem *Milliardengeschäft* wurde), ist einzig und allein auf den Umstand zurückzuführen, dass sich im täglichen Fleischkonsum heute niemand mehr SELBST im Westen die Hände blutig machen muss, sondern unterbezahlte Leiharbeiter aus dem Ostblock (untergebracht in schäbigen Schlafbaracken) **die Drecksarbeit am Schlachthof** (das Töten, Häuten, Ausweiden und Zerlegen) für die feine Wohlstandsgesellschaft übernehmen (im unsichtbaren Hintergrund, versteht sich, getreu dem Motto: »**aus den Augen, aus dem Sinn**«). Würden an ›Fleischtheken‹ im Supermarkt, anstelle der netten Werbesujets vom fröhlichen Schweinchen, das IMMER lacht, Flachbildschirme mit ›Livebildern‹ aus der Schlachtzone hängen, die große Fleischesliebe des Volks wäre blitzartig abgeflacht, weil in Darstellung ›der Wahrheit‹ ein längst überfälliger, **kultureller Anreiz zum Nachdenken** geschaffen! - Eine Gesellschaft, die **systematisch realitätsbefreit** (!) und darauf konditioniert wurde (und wird), die Wahrheit NICHT ertragen zu können (weder im Todesfall, noch im Schlafzimmer, in der Politik, in der Werbung, an der Fleischtheke, und anderswo) lebt in einer *Scheinwelt*, und sollte dringend mit (Bildern) der Realität konfrontiert werden, um in sämtlichen Lebenslagen endlich ›der Wahrheit entsprechend‹ fühlen, denken und handeln beginnen zu können. - NICHTS ist weiter von ›der Wahrheit‹ entfernt als das überglückliche Werbeschweinchen der Fleischindustrie, und doch lacht es sich erfolgreich um die weite Welt der fröhlichen Wurstvitrinen. - Wer aber schon erfolgreich an Himmel & Hölle zu glauben gelernt hat, hat gelernt, mit *Fake Facts* zu leben und nichts in Frage zu stellen, auch nicht den (aktuell) am meisten verlogenen Mist der Werbeindustrie: oink-oink, happy-happy.[47]

---

[47] Anm.: Je gefühlsbetonter und empathischer der Mensch, desto achtsamer und respektvoller sein Umgang mit Fleisch und desto eher **vegetarisch** (**bzw. vegan**) wird sein Speiseplan ausgerichtet sein. FRAGE: Essen Sie oft Fleisch, liebe Leser*innen? Wenn JA, dann steht wahrscheinlich in sämtlichen Lebenslagen Ihr EIGENES Wohlbefinden im Zentrum Ihres Tuns, und es kümmert Sie WENIG, wie sich die Kuh, von der ein Schulterstück auf Ihrem Mittagsteller liegt, am Weg zum Schafott wohl fühlte. - Oder anders formuliert: je mehr Fleisch ein Individuum konsumiert, desto stärker ist es auf sein EIGENES Wohlbefinden im Denken und Handeln bedacht (und beschränkt) und desto weniger kümmern die Emotionen und Befindlichkeiten anderer (egal ob Mensch oder Tier, egal ob im Ausreisezentrum oder am Schlachthof angekommen). - Warum NIEMAND in FPÖ-Kreisen Vegetarier ist, weder Politiker noch Wähler*innen (im Unterschied zu den Grünen, wo sie die Mehrzahl bilden), erklärt sich von selbst: einmal empathieflach und ich-bezogen, IMMER (und ÜBERALL) empathieflach und ich-bezogen - im Essverhalten wie auch im Parteiwahlverhalten, etc. (siehe Kapitel *Tatort: Kultur*). - Unterschiede in der **Gefühlswahrnehmung der Lebenswelt** bestimmen **ideologische Unterschiede** bzw. unterschiedliches Denken und Handeln im Ernährungsverhalten, und anderswo. **Herzmenschen** (und Grün-Wähler) sind in der Lage, sich in andere Lebewesen einzufühlen und sind daher auch im Fleischkonsum *sensibler* (und sparsamer) als **Fleischtiger** (und FPÖ-Wähler), die stärker mit der EIGENEN Gefühlswelt und dessen Optimierung beschäftigt sind, egal was im *unsichtbaren* Hintergrund mit Lebewesen auch geschehen mag: »Hauptsache MIR geht (und tut) es gut«. – Dürfte der moderne Mensch nur noch Fleisch von Tieren essen, die er EIGENHÄNDIG

Wie alle Lebewesen auf Erden, so haben auch Tiere einen gefühlvollen, respektvollen und wertschätzenden Umgang vonseiten der Menschheit verdient, statt sie im großen Stil industriell abschlachten zu lassen, von den ärmsten Mitgliedern der Gesellschaft (aus dem Ostblock), die ihre tief **negativ-emotionale Welterfahrung** ins Innere der Schlachthöfe tragen und dort einen (in sich geschlossenen, vor den Augen der Welt fein säuberlich verborgenen) **Kreislauf der Empathielosigkeit** vorantreiben. - ACHTUNG: Die Natur im Allgemeinen (und die Tierwelt im Speziellen) wird sich nicht ewig von der Menschheit vergewaltigen lassen! Wenn in der Fleischindustrie (wie in der Wirtschaft allgemein) in nächster Zeit kein Umdenken erfolgt (weder auf Produzentenseite noch auf Seite der Konsumenten), dann wird sich der Mensch in seiner gedankenlosen Fleischfresserei und seiner gefühllosen Tierschlachterei früher oder später das eigene Grab schaufeln! Die große Rinderseuche anno 1996 (kurz BSE) war zweifellos nur ein ERSTER Gruß von ›Mutter Natur‹ an die moderne Menschheit und

---

getötet hat (d.h. NICHT aus der Hand des Vaters, Bruders, Onkels, eines Jägers, Metzgers oder Leiharbeiters aus dem Ostblock, etc.), die Teller der feinen Wohlstandsgesellschaft wären nahezu blitzartig fleischleer. - Der (realitätsbefreite) moderne Mensch LÄSST schlachten (von unbekannt, im unsichtbaren Nirgendwo), statt selbst die Messer des Todes zu wetzen, und lebt im gemütlichen Irrglauben, das saftige Schnitzel hatte einst ein glückliches Leben in der Natur und fand einen zärtlichen, stressfreien, liebevollen, romantischen und **schmerzlos schönen Tod**. Wahrscheinlich lebt es nun im Himmel bei Papa-Schnitzel.

ihre Gefühllosigkeit. Mutter Natur wird im unsichtbaren Hintergrund ihrerseits bereits an neuen, effizienteren Mitteln und (virologischen) Wegen basteln, um das heute mit Abstand gefühlskälteste Monster auf Erden aufzuhalten und auszuschalten: die Spezies Mensch (GELDFIXIERT und GOTTESFÜRCHTIG: das **Kulturelixier der Monsterwerdung** und der **Kulturdünger des Rechtspopulismus**).[48]

7 **EIN REGIERUNGSVERBOT FÜR ›RECHTSPOPULISTEN‹** oder **DAS ENDE DER DEMOKRATIE** muss kommen, um dem Volk die allgemeine Rechtsgrundlage zu nehmen, das politisch rechte Lager in Regierungsverantwortung katapultieren und immer weiter darin bestärken zu können, die Grenzmauern noch höher zu ziehen, als sie es heute bereits sind. Politische ›Blitzlösungen‹ ohne Weitsicht und Problemlösungspotential gehören unter die *Bierzeltplane* oder in die *Klatschpresse*, aber NIEMALS in Regierungsbänke dieser Welt! - Am ›**Kommunismus**‹ als Staatsform ist in den Grundgedanken von Marx und Engels nichts

---

[48] Anm.: Ein Virus namens **CORONA** bzw. **COVID-19**, war zum Zeitpunkt des Verfassens dieses Kapitels noch NICHT in Erscheinung getreten. Ohne den weiteren Wirkungsverlauf auf die Weltbevölkerung an dieser Stelle seriös einschätzen zu können, ist Covid-19 aus heutiger Sicht (Stand: Mai 2020) aber zweifellos in die Liste der Grußbotschaften von Mutter Natur an die Menschheit einzuordnen und als ihre DRINGLICHE WARNUNG an die Spezies Mensch zu verstehen, mit der Rücksichtslosigkeit im Umgang mit Mensch, Tier und Umwelt im Namen von Wirtschaft, Wohlstand und Wachstum zu brechen, bevor sie ihre Kräfte eines Tages bündelt und zum ›Grande Finale‹ ausholt.

Verwerfliches zu finden; verwerflich ist nur, was Machthaber in der *Sowjetunion* damals (und in *Nordkorea* heute) aus dem Begriff ›Kommunismus‹ in der westlichen Wahrnehmung gemacht haben (bzw. machen), was aber KEINESFALLS der Vision einer **glücklichen Gesellschaft** (wie Marx und Engels sie hatten) tatsächlich entspricht. - Die Umsetzung einer kommunistischen Staatsform kann und darf in der Welt NIEMALS in Form einer Revolution erfolgen (in der wieder nur die Unterdrückung Andersdenkender im Vordergrund steht), sondern nur in Form einer sanften Gesellschaftsreform auf Basis der in diesem Kapitel angedachten ›sieben Stufen der Menschwerdung‹. Nur in einem **sanften Kulturwandel** wird eine TRAGFÄHIGE Grundlage zur Gründung einer kommunistischen Gesellschaftsform geschaffen sein, weil das Volk bereits im Vorfeld (!) einen **intellektuellen Reifeprozess** durchlaufen haben (und im Zuge dessen mit **höheren EQ-Werten** ausgestattet sein) wird: die Grundvoraussetzung, um ›das Offensichtliche‹ erkennen und begreifen zu können, dass alle Menschen zur GLEICHEN Familie gehören, unabhängig von Gott und Geld, etc. - Erst wenn (und *nachdem*) DIESER Erkenntnisgewinn im ›Geist des Kollektivs‹ angekommen ist, kann ein **intellektueller Kommunismus** in der Welt auch tatsächlich (und dann auch gewaltlos) greifen, und kann die Menschheit einer friedvollen und sozialen Zukunft entgegen sehen: Utopia.

Ein Gespenst geht um in der westlichen Welt - das Gespenst des Kapitalismus. Alle Mächte des neuen Europa haben sich zu einer heiligen Bruderschaft zur Verteidigung dies Gespenst verbündet, der Bundeskanzler und der Wirtschaftskammerpräsident, der Innenminister und die Asyl-Entscheider, italienische Schiffsverweigerer und junge, österreichische Patrioten - und über alle wacht: der liebe Gott (der römisch-katholische). - Mögen die herrschenden Klassen nicht vor einer Kommunistischen Revolution zittern (höchstens vor den Stacheln der Gelbwesten). Der moderne Mensch hat nichts als Gott (den richtigen oder falschen) und Geld (zu wenig oder zu viel) und wird alles dafür geben, seine Kulturketten nicht zu verlieren. Er hat Kriege zu gewinnen, Flüchtlinge abzuschieben, Grenzen zu sichern, Ausreisezentren zu errichten und Mauern zu bauen. Philosophen aller Länder, (üb)ergebt euch![49]

---

[49] vgl.: Marx, Karl; Engels, Friedrich: Manifest der Kommunistischen Partei, 1848, MEW 4, S. 493: »Ein Gespenst geht um in Europa – das Gespenst des Kommunismus. Alle Mächte des alten Europa haben sich zu einer heiligen Hetzjagd gegen dies Gespenst verbündet, der Papst und der Czar, Metternich und Guizot, französische Radikale und deutsche Polizisten. [...] Mögen die herrschenden Klassen vor einer Kommunistischen Revolution zittern. Die Proletarier haben nichts in ihr zu verlieren als ihre Ketten. Sie haben eine Welt zu gewinnen. Proletarier aller Länder, vereinigt euch«!

»Corona ist nicht gefährlich; da ist der Koran gefährlicher, meine Lieben, als Corona«.

(Norbert Hofer, FPÖ)

Quellenverzeichnis

(NACH REIHENFOLGE IM TEXT)

Schröder, Martin: Warum es uns noch nie so gut ging und wir trotzdem ständig von Krisen reden. Elsbethen: Benevento Verlag, 2018.

Handbuch Reichtum: wer gehört zum reichsten Prozent?: Online-Artikel der Kontrast-Redaktion vom 3. Okt. 2017. https://kontrast.at/handbuch-reichtum-wer-gehoert-zum-reichsten-prozent

„Fette Katze" im Konzern-Vorstand. In: AK FÜR SIE. Mitgliederzeitschrift der AK Wien: Ausgabe Feb. 2018, Seite 25.

Große Ungleichheit bei Vermögensverteilung in Österreich: Salzburger Nachrichten Online-Artikel vom 14. Jan. 2019. https://www.sn.at/wirtschaft/oesterreich/grosse-ungleichheit-bei-vermoegensverteilung-in-oesterreich-64089121

Gerbner, George: Das gemeine-Welt-Syndrom.
In: Vitouch, Peter: Fernsehen und Angstbewältigung.
Zur Typologie des Zuschauerverhaltens. 2. Aufl. Wiesbaden:
Westdeutscher Verlag GmbH, 2002.

„Ungleichland. Wie aus Reichtum Macht wird". WDR
TV-Dokumentation von Julia Friedrichs und Michael Schmitt:
2018. https://www.youtube.com/watch?v=2Y2WxM2Srlc

Tabellenband EU-SILC 2018:
Online-Studie zur Wohlstandsverteilung der Statistik
Austria vom 25. Apr. 2019. www.statistik.at

Bericht zur weltweiten Ungleichheit 2018. Deutsche Fassung:
Online-Report Kurzfassung des World Inequality Lab, Seite 2.
https://wir2018.wid.world/files/download/wir2018-summary-german.pdf

Slupetzky, Stefan: Die Rückkehr des Lemming.
Kriminalroman. Hamburg: Rowohlt
Taschenbuch, 2017, Seite 7.

„Does money make you mean?". TED-Talk von Paul Piff
zum Thema ›Ungleichheit‹ in San Rafael (CA): Okt. 2013.
https://www.ted.com/talks/paul_piff_does_money_make_you_mean/discussion

Daneshmandi, Laila: Den Gefühlen ausgeliefert.
In: Kurier aus der Reihe ›Mein Sonntag‹:
Printausgabe 19. Aug. 2018, Seite 1.

„Im Gespräch mit Ex-BZÖ-Politiker Stefan Petzner".
ORF1 TV-Talkshow aus der Reihe ›Willkommen Österreich‹:
Episode 331 vom 27. Sept. 2016. http://willkommen-oesterreich.tv/pl.php?plid=331#F331

Zeiler, Gerhard: Das Elend der Sozialdemokratie:
Anleitung zur Wundheilung. In: Kleine Zeitung,
Printausgabe 20. Okt. 2018, Seiten 4-5.

Hasewend, Ingo: Die Mauern an den Grenzen und in unseren Köpfen (Rezession über Marshall, Tim: Abschottung). In: Kleine Zeitung, Printausgabe 24. Dez. 2018, Seite 15.

„Der Entscheider". ORF2 TV-Dokumentation über das Asylwesen in Österreich von Zoran Dobric aus der Reihe ›kreuz & quer‹: 13. Nov. 2018. Kurzvorschau verfügbar unter https://www.youtube.com/watch?v=42W-iZ8sIp0

Kickl verteidigt nach UNO-Kritik harte Asyllinie: Online-Artikel der ORF.at-Redaktion vom 9. Mai 2019. https://orf.at/stories/3121603

„JUGEND OHNE GOTT". Film von Alain Gsponer, frei nach dem gleichnamigen Roman aus dem Jahr 1937 von Ödön von Horváth: 2017 (114 min).

Wilhelmer, Philipp: Plötzlich sind alle Prediger. Interview mit dem Wiener Rapper Nazar. In: Kurier, Printausgabe 28. Jan. 2018, Seiten 35-36.

„Von Liebe, Lied und Leidenschaft – Ein Schlagerstreifzug durch den Westen". WDR TV-Reportage von Katja Lüber: 19. Nov. 2018. https://www1.wdr.de/fernsehen/west-art/sendungen/uebersichtwestartreportage128.html

„Im Gespräch mit Dr. Julia Shaw (Kriminalpsychologin)". NDR TV-Talkshow zum Thema ›das Böse‹: 21. Sept. 2018. https://www.ndr.de/fernsehen/sendungen/ndr_talk_show/Psychologin-Julia-Shaw,ndrtalkshow4708.html

Burschenschafter in der Regierung, im Parlament und in den Landtagen: Online-Artikel der Kontrast-Redaktion vom 2. Feb. 2018. https://kontrast.at/burschenschafter-in-der-fpoe

Nach Feuer in Notre Dame: fast eine Milliarde Euro an Spenden für Wiederaufbau: FAZ Online-Artikel vom 17. April 2019. https://www.faz.net/-16145455.html

Fathi, Karim P.: Empathie 3.0. In: Zeitschrift für OrganisationsEntwicklung (ZOE), Printausgabe Nr. 3/2014, Seiten 81-84.

Lorenz, Konrad: Die acht Todsünden der zivilisierten Menschheit. 34. Aufl. München: Piper, 2009.

Sagan, Carl: Pale Blue Dot: A Vision of the Human Future in Space. 1. Aufl. USA: Random House Inc, 1994.

Im Mercedes zum Jobcenter Duisburg – Sozialbetrug alarmiert Minister: Online-Artikel von J. Rüdiger vom 7. Sept. 2018. https://www.derwesten.de/id215271931.html

Bedingungsloses Grundeinkommen für alle? Keine gute Idee: Online-Ökonomieblog von H. Badinger vom 6. Aug. 2019. https://www.derstandard.at/story/2000106893618

Marx, Karl; Engels, Friedrich: Manifest der Kommunistischen Partei, 1848, MEW 4, Seite 493.*

---

*Anm.: Sämtliche Internet- und Mediaquellen wurden zum Zeitpunkt der Anwendung auf Funktionalität geprüft. Nicht alle der in diesem Verzeichnis gelisteten Quellen wurden im Werk direkt zitiert; doch waren alle Quellen der Inspiration. Auf Quellenangaben zu zitierten Songtexten (Lyrics) wurde aus Gründen der Übersichtlichkeit verzichtet; sie sind jedoch im Fließtext entsprechend ausgewiesen.

Zum Autor

(Biographie einer Freiheit)

Albert Rowin ist studierter Geisteswissenschaftler mit Schwerpunkt in den Bereichen Medienpsychologie und Cultural Studies. - Nach erfolgreichen Jahren im Personalwesen im internationalen Konzernumfeld, arbeitet Rowin heute als freier Denker mit kritischem Geist und einer ausgeprägten Leidenschaft, seine Gedankenwelt zu Papier zu bringen. Der Autor lebt in Wien, wo er zur Stunde an weiteren Buchprojekten schreibt und am Aufbau einer Plattform für Kulturkompetenz und soziophilosophischen Austausch beteiligt ist. - Im Zentrum seines Denkens und Handelns steht der Zustand der Welt, begleitet von der Erkenntnis, in einer Wohlstandsgesellschaft zu leben, die von einem ›Idealzustand‹ heute vielleicht nicht weniger weit entfernt liegt (Stichwort: unendlich), wie der Glaube von der Wahrheit.

Die Legende der Fuchsfeuer

(LICHTER DER WAHRHEIT)

In der japanischen Mythologie sind ›FUCHSFEUER‹ [kitsunebi] kleine atmosphärische, ballförmige Geisterlichter aus den unbekannten Tiefen des Jenseits, die den Menschen zumeist in dunklen Winternächten oder in lichtarmen, nebelfetzenverhangenen Herbsttagen mit ihren mystisch flackernden Flammenlichtern wie hinterlistige Füchse vorsätzlich auf eine falsche Fährte locken und damit direkt ins Unheil (über den Rand unsichtbarer Klippen) führen. - Der EIGENEN Mythologie zufolge sind ›Fuchsfeuer‹ äußerst seltene, jedoch ausnahmslos gutartige Zeitgeister aus dem Jetzt und Hier, die die Schlauheit von FÜCHSEN und die Erneuerungskraft von FEUER in sich tragen und zu einer neuen, besseren und irdisch positiv-geballten Energie vereinen.

FUCHSFEUER sind selbstlose und naturverbundene Lichtwesen, entsprungen dem unbeschmutzten Schoß von Mutter Erde; es sind kreisförmig strahlende, flackernde Synergien der Elemente FEUER & GEIST, immer auf das Wohl der Allgemeinheit bedacht, aktiv bei sämtlichen Wetterlagen und zu jeder Jahreszeit im Tun. Sie haben sich freiwillig dem Ziel verschrieben, Trugbilder auf Erden ins ›Licht der Wahrheit‹ zu rücken, und der Menschheit mit *Scharfsinn* und *Feuerkraft*, in Dunkelheit wie auch in Blindheit, bei Tag und bei Nacht, bei Wind und Regen, den richtigen Weg zu weisen, um sie vor finsteren Figuren, falschen Freunden und schweren Zeiten zu schützen und zu bewahren. Obwohl ›Fuchsfeuer‹ die Nähe zu den Menschen suchen und brauchen, um zu voller Feuerkraft zu erblühen, sind es scheue Wesen, die sich im dicht verwachsenen Unterholz auf geräuschlosen Pfaden fortbewegen, im Wissen, dass mit steigender Nähe zu ihnen auch die Gefahr steigt, sich an ihrem Scharfsinn zu schneiden und an ihrem Feuer zu verbrennen. - Gejagt werden FUCHSFEUER von *Burscholysten*, springspinnenhaften Braunfängern im blauen Schwertklingenkleid, die nach einem Flächenbrand, statt Potential für satteres Grün und ein besseres Morgen, nur Zerstörung und Feuerteufelswerke sehen, sowie einen Grund, ihre kalten Klingen gegen sie zu richten, im Gehorsam und auf Geheiß ihres ›Königs der Wahrheit‹, den noch kein Lebewesen auf Erden jemals auch tatsächlich gesehen hat.

»To learn who rules over you, simply find out who you are not allowed to criticize«.

(Voltaire, 1694-1778)

FUCHS FEUER
EDITION

WWW.FUCHSFEUER.AT